Kazuko Sakaguchi
坂口和子

裸足の訪問

―石仏の源流を求めて

はじめに

野の仏とはじめて出会ったのは昭和二十年代も終わりの頃、私は二十代のはじめでした。その時の感動が源泉となってその後の半世紀をこえる歳月、石仏とともに暮らしてきた感慨があります。振り向いても石仏、何度振り返ってもそこに石仏の世界が広がっているのです。まるで私の生活は石の神や仏で埋まっているかのようです。というのも、その石仏を探し求めて楽しんでいた時代に現在の「日本石仏協会」が創立され、その一員に加わったことが今につながることになりました。創立者のあとを引き継ぎ、二代目として協会の運営に当たらざるを得ない生活になりましたので当然の成りゆきでありました。

日本人の精神文化の遺産として日本中に造立された石の神や仏、また信仰に付随する石造物に関心をもってほしい、石仏愛好者が多くなれば野の仏たちが無造作に片づけられたりしないのではないか、と思ってきました。季刊誌『日本の石仏』の刊行は創刊から167号まで四十年間継続できていることは全国組織であるお蔭でもあるかと思います。

「Ⅰ」は、私の石仏に寄せる想いをまとめました。私の出発は野の仏と日本人の感性に対する興味です。

日本の石仏探訪から発した、ひとの信仰の原点を知りたくなって、海外とくに東南アジアに出かけるようになりました。石仏は仏教との関わりが深いため、仏教の源流を訪ねることも目的にありました。はじめてアンコール・ワット遺跡を訪ねたのは一九六九（昭和四十四）年のこと、やっと入国できるようになったからです。カンボジア、タイ、インドネシア、スリランカなどの旅のエッセイが「Ⅱ」の前半です。

なかでもスリランカは純粋な仏教国で人々の敬虔な祈りの姿に心を打たれました。この本のタイトルを「裸足《はだし》の訪問」に決めたのはこの思い出からです。東南アジア各国で見られる仏陀立像《りゅうぞう》はすべて裸足でした。ペシャワールの釈迦立像は菩薩形のみ素敵なサンダルを履いていましたが、修行者は常に裸足です。

裸足ということは直に大地を踏みしめることだとすると、私も素足、素手、謙虚なこころで他国を訪問したい、またそうすることで多くのことが学べるのだと思っています。

「Ⅱ」の後半は、ネパール、ブータン、インド、バングラデシュ、パキスタン、ヴェトナムなどです。とくに興味をもったのはネパールの庶民信仰でした。カトマンズ盆地は数回訪れています。固有のネワール仏教とヒンドゥー教とが混じり合った独特な信仰をもっています。人間の〝生と性と死〟が混在する何ともいえない混沌さに魅力を感じました。

「Ⅲ」には中国をまとめました。仏像と石窟の源流である中国へは、個人旅行と石仏協会主催の旅行を合わせると十度にもなりますが、エッセイにできるものがないのは感情移入しにくい厳しさがあるからなのかなと思います。広大な中国の訪問地と石窟・石像の私の記録は多いのですが、悠久の時の流れに存在する中国に圧倒されるばかりなのです。少数民族を訪ねる目的の旅と秘境西双版納《シーサンパンナ》を訪れたのは一九九〇（平成二）年でした。急激に変化しつつある中国を思います。

最後の「Ⅳ」は、家族との旅で経験した思い出をまとめたものです。〝長かった一日〟は書き残しておきたかったもの。アメリカの高校に留学した次男十七歳のある日、ある時の出来事です。息子の成長に安堵している私自身を懐かしく思います。その続きがグランド・キャニオンに圧倒された記録。その他、メキシコ、キューバ、スペイン、台湾。〝台湾慕情〟は亡き父親の足跡を追う二人の息子と家族の旅行の記録になりました。

旅と人生を語るほどの経験はありませんが、素朴な野の仏に誘発された私の核といえるものがあるとすれば、常にひとの営みのなかにある〝生と性と死〟をめぐる探求心のように思えるのです。

目次

装幀／滝口裕子

Ⅰ　野の仏に惹かれて

石仏からのメッセージ――ある懐かしさからの出発

古いアルバムを開く。家族や家のまわりの風景や旅の写真が、無雑作に並べられた片隅に、セピア色になった石仏《せきぶつ》の写真が一枚だけ貼られている。横に書かれたコメントは、「昭和二十八年十一月二十三日。雪が降る。湯の小屋温泉へ行く途中の路傍で。かわいらしい道祖神――」

二十代に入ったばかりの、石仏も、ましてや道祖神《どうそじん》という名称も全く知らなかった私が、はじめて写した石仏の写真である。

東京で生まれ育った私がはじめて石仏に出会ったのは、上州路の路傍であった。小さな旅に同行された知人のS先生が、足もとのほっかりと雪をかぶった小さな石を指して、「これが道祖神というものですよ」と言われた。しゃがみこんで雪を払いのけてみると、小さな人物が二体寄りそって浮彫りになっている。ざらついた石面の、姿かたちの輪郭は崩れかけていたが、真ん中で重ね合わされた手はふっくらと刻まれていた。

かすかに微笑んでいるように見えるこの小さな石像が、神なのか仏なのか、あるいは人間なのか、また何のためにあるのか、当時の私にはさっぱりわからなかったけれど、私はこの野晒しの石像がひどく懐かしいものに思われた。体の底の方からずんとつきあげてきた泣きたいような懐かしさに、私は寒さも空腹も忘れて見入っていた。

　S先生は造船学の権威で高名な方だったが、民俗学にも造詣が深く、その方の研究もご趣味でなされていたようである。道すがらの話の中に柳田国男という名がしきりに出た。S先生はその時、沖縄の石敢当《いしがんどう》（魔よけとされる立石）を調べていると言われたが、もちろん私には石敢当という言葉をきくのも生まれてはじめてのこと。話題になる民俗学の世界は、その頃の東京の生活――敗戦後の復興のめざましい時代で、だれもが息つく暇もない厳しい生活を余儀なくされていた――からは想像できない、のどかな自然と人間との営みの世界であった。その学問的領域にはじめて触れた私はたいそう驚き、強い興味を覚えた。S先生に教えられた道祖神と呼ばれる路傍の石像との出会い、そして懐かしさの感動が、私のささやかな石仏遍歴の糸口になった。今でもあの時の淋しい雪の田舎道と、道祖神のある風景は、私にもたらされたある決定的瞬間として鮮やかに思い出される。

　それからの私は時間を作っては上信越の旅に出かけた。はじめて道祖神に出会った日の懐かしい感動が忘れられなかった。ひなびた山村の風景に、すっぽりとはめこまれたような石仏を見るだけで心が和んだ。足の向く路傍に道祖神が立っていてくれればそれで満足だった。まるでふるさとに帰りついた人のように、私は心はずませて野に立つ石の神や仏に出会った。写真を撮るわけでもなく、ましてや調査研究などともほど遠く、ただ山国の野道で、石仏にむき合って眺めていることが楽しかったのは、ふるさとをもたない東京育ちの人間の、郷愁をかきたてる何かが野の仏の風景にはあったのだろう。それは今考えると、信仰とは別の次元で、しかし信仰にもっとも近い憧憬のようなものであったと思う。

小さな石のありようの、懐かしさに魅せられてあちこち歩いているうちに、私は私を強くとらえる懐かしさの、感情の源泉は何なのだろうと不思議に思うようになった。どこから湧いてくるものなのだろう。

野にあるという素朴さ、風雪と光のなかで歴史を生き続けているという感傷、今もなお村人の信仰に支えられているという驚き、像容のおもしろさ、小さいかたちの愛らしさ……、そのどれもが確かなことだけれど、でもそれだけではないような気がした。

各地のおびただしい野の仏たちから、いちように土の匂いが立ちのぼっているのを私は感じた。この強烈な土の匂いが、懐かしさの源泉なのではなかったろうか。土の匂いは私たち日本人の体臭にちがいない。祖先から連綿と受けついでいる土に生きるものの体臭を、私もまたもっているからこそ、道祖神のある風景に心惹かれるのではないだろうか。

私がそれからの長い年月、飽きもせず石仏とつき合ってきたのは、懐かしさを感じさせる土の匂いに引きよせられてであった。土の匂いは農民の匂い、農民の匂いは日本人の匂い。土の匂いをもつ日本人という民族の血や本質、また私たちがもっている深くて広い精神風土はどんなものなのだろう。石仏に向ける目は、いつか日本人とは何だろう――という大きな興味につながった。

多種多様の路傍の石の神や仏たちは、何か大きなものを包含しているにちがいなかった。永い歳月が堆積したその内部には、多様なものがたくさんつめこまれているだろう。石の内部にある混沌としたもの、それは人間のなかにあるものと同じなのではないだろうか。そう思うと、石の仏はひとと同じ存在になり、ひとと同じように人間くさくなった。私は、私たちの先祖が篤い信仰に支えられて造った石の神や仏に、人間の生きざまを重ねてみるようになった。

いつの時代でも、人間という性《さが》から脱け出すことはできずにもがきながら生きているひと。その血族としての共感が、石の発散する土の匂いから誘引された。

私が歩きはじめた頃は、まだ石仏に関心を寄せる人も少なかったようで、石仏入門書のような出版物は書店にはなかった。わずかに、たまたま手に入った鈴木繁著『性神考』

（上毛古文化協会、昭和二十九年刊）が私の石仏探訪の手引きになったくらいである。

しかし数多くの石仏に接しているうちに、道祖神のほかに馬頭観音、聖《しょう》観音、庚申塔《こうしんとう》、地蔵などの像容の見分けも徐々につくようになってくると、少しずつ石仏の世界を文字で確かめるようになった。仏像の解説書や宗教関係の書物がおもしろくなりだした。私は本を読んでは外に出て野の仏と対峙した。そして耳を澄ませた。

石の神や仏は、いや、石そのものが語りたがっているように私には思われた。石は野晒しの語部《かたりべ》であった。耳を澄ませば、どんなかたちの石からも声がきこえた。その声は石仏からのメッセージであるように思われ、私たちはそのメッセージを受けとる義務があるようにさえ思えてくる。その呟《つぶや》き、叫び、嘆き、あるいは喜び、願い、それらをひとことも洩らさず聴きとりたいと思った。それは、この世に生きたひとの真剣な言葉を聴くことと同じだ。

石仏からのメッセージにこだわっているうちに、これほどたくさんの野の仏を生み出した背景に、自然と目が向くようになった。これが原初的な土俗信仰を含めた、日本の庶民信仰を調べる興味につながった。そうなると、それぞれの時代と政治、経済の機構、文化や美術の流れ、村の成り立ち、庶民の生活、信仰形態、寺院との関わり、講組織、女の生活などさまざまな疑問が私を取りまいた。

断るまでもないが、私は石仏の研究者ではなく、世の中の多くの人がそうであるように、石仏と石仏のある風景を愛する石仏愛好者の一人にすぎない。おまけに石仏を愛するあまり、勝手な空想を楽しむ夢想家でもあるから、石仏を気ままに訪ね歩くのに重い研究課題など持ちたくはないと思っていた。しかし次々に起こる疑問を解き明かしてゆかない限り、石仏からのメッセージをより正確に受け取ることはできないことに気がついた。いつのまにか私の机のまわりには石仏関係の図書、仏教をはじめとする宗教関係の書籍、仏像や彫刻の美術書、写真集、民俗学の本などが積み重なっていった。といっても私は、石仏が好きなだけの素人であり、自分の興味のおもむくままに本を選び、読書をしてきたにすぎない。あくまでも石仏を通して、私なりのより明確な日本人像をつかみたかったし、またそのことが現在の日本人を考えるうえにも大切なことだと思っていた。

現在私の住んでいる奥武蔵地方の一角、飯能《はんのう》市に落ちつくまでは、公務員の夫の転勤に従って十年ほど日本のあちこちに移り住んだ。どこに住んでも神社仏閣や古蹟などに足を運び、また路傍の石仏を探しだすことは続いたから、やはり石仏が好きだったのだろう。関東、中国、九州とそれぞれに異なる文化圏にある石造物をたくさん見ることができたのは転勤生活の大きな収穫だった。「所かわれば品かわる」という諺は信仰の世界にもあて

はまることで、風土と信仰との関わりあいがおもしろかった。各地の石仏を写真におさめ、その収集が一つの喜びでもあった時代だ。しかし所詮は旅の身の上、定住を考えない旅人意識から抜け出られないで、それらにじっくりと取り組む気構えはもてなかった。やはり旅行者の眼では本当のものはつかめないのではないかと思う。

私が本気で石仏と関わっていこうと思ったのは、現在の地に居を定めてからだ。

山と川の作る典型的な日本の風土、そこに生きる農民と、その末裔の集落共同体意識で結ばれた土地柄に住んでみて、はじめて、今までの石仏を見る目の甘さに気がついた。それまではしごく真面目

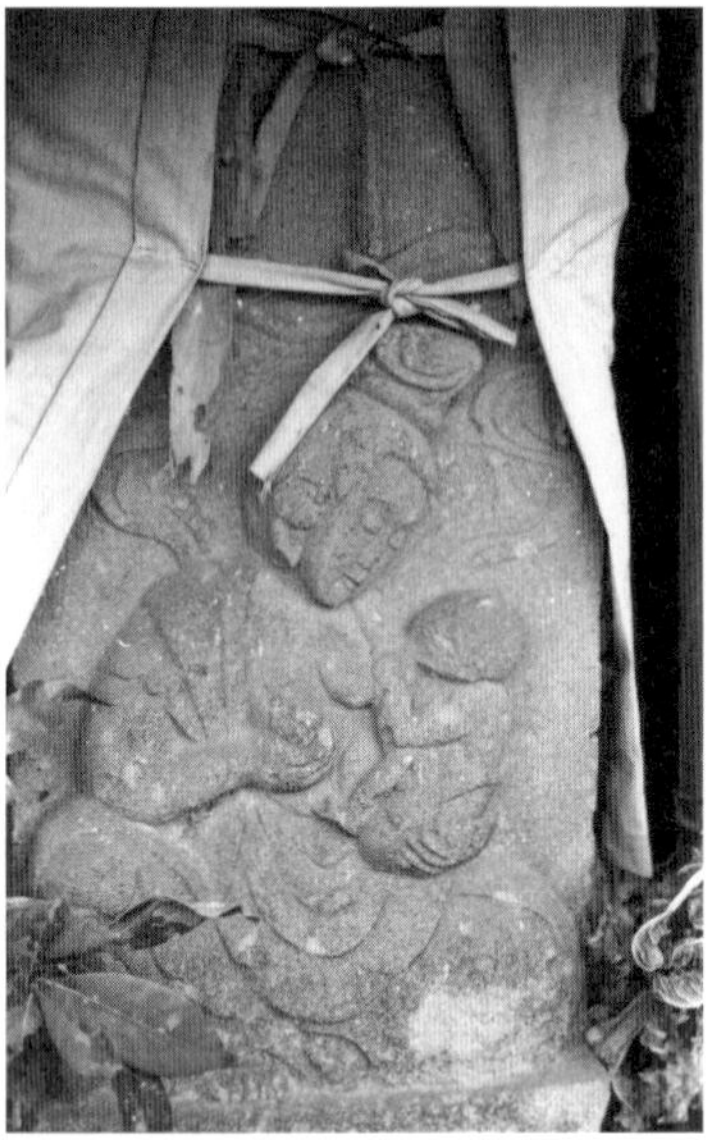

に石仏と向き合い、心情的に石仏を美化してきたきらいがある。石仏は哀しく美しいものという、いつのまにか作られたセンチメンタルな観念を振り払う必要があると思った。私は石仏造立者の側から、つまり旅人ではなく、同じ地縁に住む常民の眼で、石仏を見ることができるようになった。ここでの、言いかえれば田舎の生活は、石仏を通して、と相まってより一層日本人の本質に近づくことができたように思う。これは私にとって大きな出来事になった。随筆集『奥武蔵の石仏』（文化新聞社）は、その頃編集したものである。

その後私の興味は月待信仰から子安信仰へと進んだ。その一つは月待講や子安講を含めた女人講へと移り、女人講は血盆経信仰へ「女と血」の民俗と深く関わりながら女性史の領域に移っている。もう一つは子安像にみる母子像の普遍的な母性の姿にひかれ、それは中部ジャワ・ムンドウ寺のハーリティ像（鬼子母神）に重なり、それはまたカトマンズのアジマ像（ハラティとも呼ぶ）へとつながっていく。私の興味はたぶんインドの地母神へと発展していくだろう。

　三十年前、ふと胸に応えた懐かしさから出発した私の石仏遍歴は、土の匂いを通して日本人像を解明しようとする行為だった。興味の対象を追いかけているうちに、女人とはいったい何だろう、というテーマにつき当たった。これも女の業のなす当然の結果なのだろうか。石仏を通しての自分史をみるようである。

（『日本の石仏』30号、一九八四年六月）

石仏のある風景

ほぼ半世紀、〝石仏〟いわば〝野の仏〟と親しくつきあってきた生活なので、世の中が石仏探訪や個々の石仏に関心を示すようになってきたせいか、時折〝石仏の魅力〟について尋ねられたり、書かされたりすることがある。

私の日常生活が石仏がらみになっているため、あまりに身近すぎて改まって書くことが難しい。石仏と魅力が重なってこないというのだろうか。石仏は即現実であり、魅力は一呼吸おいてぼんやり眺めている風景のようなものなのだ。

〝魅力ある石仏〟は日本国内どの地域にも存在し、直ちにそのお姿を脳裏に想い浮かべることはできるけれど、〝石仏の魅力〟は直ちに返答できないもの。それほど多種多様なおもしろさをもった存在だと思っている。

どなたもお地蔵さんや観音さまはご存じと思うが、日本国中、津々浦々、ちょっと気をつければ、道端や町角にひっそりと祀られている石の仏に出会うだろう。私たち日本人には見馴れたといってもよい何気ない風景なので、そこにどのような神仏が祀られ、どんな信仰があり、だれがお守りしているのかなど気にも留めないで行きすぎてしまう。でも、時には小さな野の花、時には線香の匂い、ある時には、真新しい赤いよだれかけなどを見かけると、なぜかほっと心がゆるむのを覚える。

石仏や石神などを今まで見たことがないと言う人に、石仏のある風景を見せると、たいていどこかで見たことがあるようだと言う。どこか懐かしい思いにさせるもの、既視感覚を起こさせるものの正体はいったい何なのだろう。最近になって思い当たったのだが、それは日本人のＤＮＡの仕業ではないのか、と。

例えば、インドやネパールのヒンドゥー教圏の神々、ガネーシャやカーリー女神などが真っ赤に塗られて路傍に祀られていても、中国大陸で巨大な磨崖仏が神々しく眼前に立ちふさがっていたとしても、私たちは快くその風景を受け入れはしないだろう。異質なものを肌に感じ、まして懐かしい想いなど起きないにちがいない。

日本という風土に根づいたやわらかい宗教空間が、私たちの魂の根源にあるのだ。石仏に遺された先祖の精神文化を、なぜ大切にしないのか。それは土に生きた私たちの日本人の血の証《あかし》、言いかえれば日本人のアイデンティティなのだと思う。

先祖たちは小さな石の神や仏を造り、祈りをこめて野に置いた。石の像は人の心の営みをすべて受け入れた。何の保証制度もない時代の庶民はそれで救われてきたのだ。救いは癒しであったろう。癒しはカタルシスでもあった。心のしこりをとって気持ちよくなることが癒しであり、祈りながら石仏、石神と一体化することによって魂は浄化された。

この心の仕組みのなかに、私は日本人の想像力の豊かさを思い描く。なぜなら信仰は想像力の産物でもあるのだから。現在、石仏のある風景が人の心をやさしくし得るならば、それは繰り返し営まれてきた神仏と人との交流の証なのではないだろうか。


数年前、『石仏の楽しみ方』（晶文社出版刊）というタイトルの初心者向け写真集を刊行したことがある。そのあと、読者から直接、電話やお便りをいただいた。

そのなかの一つ、中年男性からのものは「この写真集を見ているうちに、幼いころ病気になるときまって母が菩提寺の前のお地蔵さんに一緒にお参りし、祈願していたことを思い出した。それはすでに忘れていた小さなものごとが息を吹きかえしたようによみがえり、自分自身も蘇生した思いがする」という内容だった。

また別の人は、「石仏って良いですね。自然のなかにただ在るという何気なさに感動します。寺院の奥深くに祀られているご本尊は遠い存在ですから」と言う。こんなふうに親しみと関心を寄せる人がふえてきたのかと嬉しくなる。

それは先人の精神文化の遺産を大事にすることにつながる。開発という名のもとにずいぶんたくさんの石仏・石神が失われていく現実。自然災害による思いがけない消滅。趣味の領域に取りこまれて古物商の店先に並べられる石仏たちを知っているだけに、多くの人の目で石の文化財を守っていく責務が現代を生きる私たちにあるのではないか、と痛感している。

お便りの人も写真の石仏に出会ったことで過去を追体験した。石仏のある風景やそのたたずまい、石の表情が語りかける効果は大きく、それは現実であろうと、ヴァーチャルだろうと、同じだと思う。

一九七七年に石仏愛好者・研究者たちが集まり、全国組織で「日本石仏協会」が大護《だいご》八郎氏により創立され、メンバーの一員になった。活動を始めて以来、季刊で『日本の石仏』を発行し、現在に至っている。

代表者として長年、会の維持・存続に関わってきたこと、各地の会員諸氏との交流、情報交換の数々、国内外の石仏探訪、交流会など忘れがたい思い出はたくさんある。これも石仏の魅力がもたらす効用であろうか。何がおもしろくて、と問われそうだが、石仏のある風景はひとが生きている風景と同じだから、と答えるだろう。

（『海の宮』11号、二〇一六年四月）

双体道祖神探訪の楽しさ――大らかで健康な性の表現

四季折々、季節の変化に伴う自然の美しさに旅ごころを誘われて、足は〝石仏のある風景〟に向かっている。細やかな日本の山野や路傍には、数多くの石神・石仏が散在しているが、なかでも道祖神は多くの人に愛好されているものの一つである。道祖神といわれる石の神のなかで、男女二神が並んで立っているものを特に双体《そうたい》道祖神と呼んでいる。

関東地方、とくに長野県、群馬県には広く分布しているので、旅の折々目に留めた方も多いと思う。集落の辻や別れ道、集会所前の広場、こんもりした樹の下などにひっそりと立っているので、関心がなければ見過ごしてしまうだろう。しかし、この小さな石の神に魅了される人は意外に多い。石仏を調査したり研究するきっかけになったと言う人や、民俗学に興味をもつ動機になった人もいる。

私も昭和二十年代の後半、上州路で出会った小さな道祖神の印象が強烈で、その後も営々と石仏の世界に身を置くことになってしまった。東京で生まれ育ったため、まわりに道祖神というものがなかったこともあるが、群馬県の田舎道で見た不思議な石の像は理解に苦しむ代物だった。五十センチほどの石の表面に並んで立っている人形《ひとがた》が、男なのか女なのかもわからなかったし、お互いに肩を組み、手を握りあった同士が神様とは思えなかった。情報が皆無に等しい時代だった。

しかし私は、この小さな石のたたずまいに、何ともいえない懐かしさを感じた。その懐かしさには強烈な土の匂いがこもっていた。この感覚はいったい何なのだろう、という疑問から出発したのが私の石仏行脚である。道祖神に限らずおびただしい石神・石仏を創造してきた日本人。日本人とはいったい何なのだろうという素朴な問いかけと、石が発する懐かしさの根元の解明が、今に至るまで私を強く石仏に結びつけている。

現在は情報も豊かになり、石造文化財の調査や保存に行政も力を注ぐようになって、道祖神の知名度は格段に上がった。村おこしに道祖神めぐりを活用しているところもある。

空気のきれいな山あいの集落で、たまに行きあう土地の人と挨拶を交わしながら、路傍の石仏を訪ね歩くひとときの解放感は、ひとに本来の素直さを取りもどさせてくれるだろう。屈託なく微笑む路傍の神々に合わせて心が和んでくるのをだれもが感じている。

道祖神を好む人たちにその魅力をきくと、何よりも大地と自然に融《と》けこんだ何気ない在りようが良いと言う。道祖神を取りかこむ四季折々の風情は、また写真の被写体に最適で、彫刻のよしあしによらない自然の恩恵を実感すると、それからその愛らしさと像容の多様さがおもしろいと言う。

道祖神には地域性があって、群馬県と長野県ではふんいきと造型が微妙に異なっている。山梨県とも静岡県とも新潟県ともちがう。これが探し歩く楽しみを倍加させることにつながっている。

元来神像が基本なのでみな烏帽子《えぼし》をかぶっているが、像容を分類すれば〝肩組み手握りの握手像〟と〝男神が盃、女神が酒器を持つ祝言像〟が一般的で、これも衣冠束帯・十二単のペアもあるし、和服様もあってバリエーションに富んでいる。エロティックなものをあげると、男神が女神の裾をめくっているもの、袂の中に手を入れているもの、股間に手をあてているもの、足を踏んでいるもの、女神が積極的に男神に迫るもの、接吻しているもの、交合しているもの、と実にさまざま。〝路傍の愛の神々〟と呼ばれるゆえんである。

27　双体道祖神探訪の楽しさ

これらは江戸時代半ば頃から明治時代にかけて造立されているものが多いが、白日のもとの大胆な性の表現を、その当時の人々はどう受け止めていたのか気になるところだ。大多数の農民社会の希求は、天下泰平、五穀豊穣《ほうじょう》、夫婦和合、子孫繁栄プラス悪疫退散に集約されることを思うと、男女が結ばれて子供を産むということは単に人口が増えることではなく、豊穣への願いと祈りが重なっていただろう。その象徴としての男女相愛像であってみれば、卑猥や淫靡な思惑は少しも見当たらないのである。人々は素直に敬虔に道祖神を祀り祈ったのであろう。だからこそ大らかで、逞しく、健康な性の表現が、現代人の憧憬をかき立てるのではないだろうか。

日本人とは何か、という漠たる問いかけの糸口もこのあたりにひそんでいるように思えるのである。

（「日本経済新聞」夕刊、二〇〇一年十二月）

石仏のお顔

みどりの匂いのする田舎道を、一台の自転車が近づいてきた。中年の飾り気のない婦人が、心もち顎を上げて真正面を見すえるように乗っている。

〝おや、だれだったかしら、どこかで見た顔だけれど〟…あれこれ思いめぐらせているうちにハタと思いあたった。私の住んでいる町の中心部から少し離れた道端にお祀りされている石の馬頭観音さんだ。そのお顔に、すれちがった婦人がそっ

くりなのだ。

ご存知だろうが、馬頭観音は観音さまの変化身で、頭上に宝冠、正面に馬頭が彫られているのが特徴になっている。くだんの馬頭さんのお顔は、のんびりしたあたたかな表情に彫られているが、ややお顔が長い。

石の仏さんと長いことつきあっているうちに、ひとの顔が石仏のお顔と重なって見えてしまうことがある。ああこのおじさんは、あそこの辻に立っているお地蔵さんにそっくりだな、魚屋のおじさんはお不動さんによく似ている、A子さんが頬に手を当てると、あのお寺の境内の如意輪観音さんのふんいきだ、とか――。変なくせがついたものだと苦笑している。

過日、十一面観音さんの取材をしていた。頭上にたくさんの仏頭をのせた観音さんで、その一つ一つを見ていると、どこにでもいる日本のお母さんの顔で、泣いたり笑ったり、怒ったりする人間の表情だった。そこへどやどやと公民館の集まりから出てきた女性たちを見て私はびっくりした。十一面観音の頭上の仏さんとみなよく似ていたのだから。

路傍の石仏のおもしろさは、こんなところにある。寺院の奥深くに鎮座なさる諸仏とはちがい、野にある神や仏は庶民の生活と密着している。たしかに私たちの先祖たちが、敬《けい》虔《けん》に祈り続け、救いを求めた対象である。

どこのだれが彫ったものか定かでないのがほとんどだが、石工たちも仏さんの顔を彫る時、きっと参考の見本帖を見たことだろう。しかし野の仏の多くが人間くさい素朴さにみちているのを見ると、たぶん身近なひとをモデルにしたことも多かったのではないかと私は思う。

所変われば石仏も変わる。土地の人の顔かたちを見ていると、石仏のお顔を何となく想像できるものだ。野にあって、いつかは土にかえる石の仏たちにいのちを与え続けているのは、ひとの心だということを信じている。

（「埼玉新聞」、一九九二年六月）

Ⅱ　石仏の源流を求めて

◆スリランカ・インドネシア・タイ・カンボジア

裸足《はだし》の訪問

ミヒンタレー。——スリランカにはじめて仏教が伝えられた最初の地。紀元前三世紀からの仏教遺跡が今なお大事に守られ、人びとの篤い信仰に支えられているスリランカ第一の聖地。

ここを訪れたのは八月の末だった。常夏の国の陽射しは痛いほど熱いが、乾いた風が始終吹き抜けていくので、思ったより快適な暑さだ。インド洋上に一滴したたり落ちた雫のように浮かぶ小さな島国での、最初の印象である。

この聖域はゆるい傾斜で登る岩山で、頂上までに合計すると一八四二段の階段があり、またその間には上り下りの坂も加わっている。参道の両側には、つややかな濃緑でこんもりと形を整えた木——それは椿の木に似ている——に真っ白い小花が鮮やかに咲いていた。この国ではテンプルフラワーと呼ぶが、別名はプルメリアとも。全山にこの木が繁っていて、離れて眺めると、緑と白のモザイク模様の花束が立ち並んでいるようだ。

寺の花という名のとおり、どこの寺院へ行っても、仏塔や釈迦像の前に供えられている。五弁の白い花びらは肉厚で、花芯のまわりがぽっと黄色く染まったやさしい清楚な花だ。香りはあまりないが、掌の上にのせると瑞々《みずみず》しさがあふれでる。

ささやくような声で「マダム……」と呼びかけられて振り向くと、現地人の少年が、ぎこちない笑顔で側に寄ってきた。参道入口あたりからずっとついてきた子だ。手にテンプルフラワーの小枝を持って私に差し出す。年は小学校四・五年くらい。痩せていて粗末な身なり、もちろん裸足だ。褐色の肌に、黒い大きな目と真っ白い歯並びが、すこやかな印象を与える。この国の子供たちの目はどうしてこんなに澄んでいるのだろう。どこへ行っても、つい見とれてしまう。

その子はちょっと立ち止まると何か始めた。一心に指先を動かしている。白い花びらを一つ、素早く器用に細工したと思ったら、指につけろと言う。テンプルフラワーの指輪は、かわいらしく私の中指におさまった。ありがとうと言うと、ニコッと笑う。次は腕輪を作って手首に巻きつけてくれる。なかなか優雅なふんいきになった。彼は、仏塔寺院の遺跡の前では写真を撮る邪魔にならないように気を配り、すっといなくなったかと思うと、どこからか見たことのない花を摘んできて差し出す。赤やら黄やら珍しい形の花と葉は、私のノートにはさまれた。

何という花？　と尋ねても、現地語の名称ではどうしようもない。でも後で調べる手段にと私はそれをノートに書きこんだ。

手を引っ張るので足元を見ると、一面に小さな草。匂いを嗅ぐ真似をするので、葉をつむとミンツ（はっか）のすがすがしい香りが鼻をついた。群生のミンツを見たのははじめてだ。また彼は眠り草を教えにきた。低く地面を這う葉先に、ほんの少し触れただけで、生きもののように開いていた葉は閉ざされる。とくに珍しいものではないが、私の好きな植物だ。仏陀のおわす国の少年と、聖なる山の野原に坐りこみ、次々に眠り草に触ってみては、針のように細かい葉先が、ゆっくりと二つに合わされる時を凝視している。少年も動かず、私も動かない。眠り草の魔法にかけられたように、その時不思議に、永遠の時がピタリと止まってしまったような感覚を味わった。無の感覚というものがあるとしたら、そのような。――

私はこの少年が小さいながらもガイドをして、お金を得ていることをすでに知っている。スリランカでは観光地――主に山の上に寺院や仏跡などがある――には麓にかならず現地人のガイドがたむろしている。たいてい十歳くらいから二十代にかけての青年だが、この国の人は小柄で細いから、推定年齢よりだいぶ上のことが多い。私についてくる少年も十二歳だと言う。彼らの仕事は、観光客の荷物を持ったり、手を引いたり、支えになったりして、一緒に目的地の頂上までの往復を歩くことだ。公認された職業ではないから、賃金はチップでしかない。それもわずか一ドル単位なのだ。めいめいが勝手に客を獲得して稼いでいる。まだここは日本からの観光客が少ないせいか、日本語の挨拶はきかれなかった。

「ボン・ボン」という呼びかけが多い。イタリア人が多いとみえて、英語かイタリア語が多い。車から降りるやいなや大勢につきまとわれるとうるさくてうんざりするが、無視してしまえばそのうち諦めて遠ざかる。自然発生的なこんな仕事が唯一の現金収入になるらしい。まだまだ貧しい国ということなのだろう。

私はついてきた少年を断らなかった。年長者に交じって、それなりに懸命に頑張っている健気さがかわいかった。相手に喜んでもらおうと、自分の生活知識を駆使して、西に東に走り回る姿は、無邪気な子供そのものに見え、お金のためといった卑しさは少しも感じられなかった。私はひとりで歩くより、この少年と一緒の方がずっと楽しいのではないかと思った。裸足になってからは、なおのことだった。ここは岩山で、石ころも多い。彼は不安定な傾斜に気を使い、その細い腕を充分かして支えてくれた。

仏教国スリランカでは、寺院境内に入る際裸足になるのが常識である（仏教では皮革が不浄と考えられてのことらしい）。スリランカ人は裸足が普通だが、どんな参詣者も入口で履物を脱がなければならない。靴下もいけないという場所もある。仏跡、寺院をめぐるたびに、脱いだり履いたりの繰り返しは少々面倒だった。薄いストッキングはたいてい一か所で穴があいた。私は思い切って裸足のままで歩くことにきめた。そばにいた少年は、私の生白い素足を見て、おずおずと声を立てて笑った。

乾いた熱い土の、足裏の感触はこそばゆい。快感といってもよい細かい砂の刺激が忘れていたものを不意に思い起させる。

わいわいと喚声をあげ、どんどんと大地を踏みしめたくなる喜び——子供の心にかえるとても懐かしいものだった。はじめは危っかしく地面を踏み、少年の手を借りていたのに、いつのまにか私は彼と歩調を合せて、石ころも岩山も気にならなくなっていた。昔から裸足で歩いていたような、なじみ方だった。そして大地の、地下にあるもの、樹の根、草の根、花の種子、小さな虫……、地表に現れないで、蠢いているものたちの姿を、足裏から脳裏によみがえらせていた。また、気の遠くなるほどの永い歳月に、この聖域を踏みしめたであろう裸足の群像、仏陀への信仰篤き人々の足跡の上に、わが足を重ね合せているのだ、という想いに深くとらわれた。その想いこそ、聖域の証であるように思われた。

平原にポツンと突き出た山、ミヒンタレーの眺望は、坂や階段を登るごとに、絵本をやさしく開くように、大きく明るく現れる。その緑に覆われた美しい地平線に、古都アヌラダプーラの三大仏塔が、見事な乳房を誇示するように浮かび上がった。中腹には紀元前三世紀、セイロン最古の仏塔カンタカ・セティアが物寂びて望まれる。そして山頂には、ミヒンタレー参拝の目的地、釈尊の聖髪が納めてあるといわれる純白の仏塔マハセーヤが眩しく陽に輝いていた。

少年はどこからか摘んできたテンプルフラワーを私にも持たせ、仏塔の前の祭壇に供えて合掌した。何を祈っているのだろう。真剣な横顔の表情が忘れがたい。

私は改めて、少年の、その体に比べて大きい褐色の裸足を見つめた。ゆったりと、のびやかで、五本の指がそれぞれ自己主張しているうちわのような裸足は、しっかりと大地を踏みしめている。何ともいえない気持ちよさだ。乳房のような仏塔の前で、ひよわな裸足と、力強い裸足が、並んでスナップにおさまった。

（『文芸飯能』一九八七年）

花びらの仏塔

仏陀のおわす国スリランカ。それもとびきり健康な若々しい仏陀だ。仏陀とはもちろん釈尊その人で、黄色い肌に赤い衣を斜めにまとったお姿は、まるで生身の方に接するような迫力がある。

ある町の目抜き通りの街角に、すっくと直立不動で立つ巨きな仏陀、右肩は露わに、両手を肩まで上げた説法のポーズで、ぱっちり目を開け、行き交う人を眺めておられる。広場で説法する釈尊はこんなお姿だったのだろうか。この前を通りすぎる黄衣の僧侶は同じスタイルで、まるで釈尊のミニチュアといった感じだ。またある町では大きな菩提樹が濃い蔭を作っていた。その太い幹の根方に、瞑想する等身大の仏坐像を見た。仏教徒にとって菩提樹は聖なる木であり、どこでも篤い祈りが捧げられていた。菩提樹と仏陀の組み合せはよく見る風景だが、北インドブダガヤの菩提樹の下で、悟りを開かれたという釈尊が髣髴《ほうふつ》と偲ばれる。半眼の仏陀はいかにも物静かに木蔭を楽しんでいらっしゃる。この国ではどこの寺院へ行っても、すぐ目の前に仏陀は坐っておられ、手を伸ばせば触れられる距離だ。仏像はどれもまことに現世的であるけれど、もっとも人間くさいのは、長々と横になっておられる仏陀ではなかろうか。

日本では涅槃仏《ねはんぶつ》、寝釈迦といわれる仏像の作例は少ないようであまり見られないが、ここでは涅槃仏が本尊仏として祀られているところが多く、その数の多さに驚かされる。

ここは熱帯の国、お釈迦さまもちょっと休息しておられるのだ。——昼寝でもしなければ暑くてやり切れないでしょうねぇ——そんな声をかけたくなるような気持ちよさそうなお姿だ。頭を左にしたどのお顔も、ぱっちりと目を開けられていて、少年のように若々しい。とても八十歳の釈尊とは思えない。

寝姿の仏陀にも二通りあって、一つは涅槃に入られた（亡くなった）涅槃像と、もう一つは文字通り寝ておられる横臥像なのだそうだ。そのちがいは両足がきちっと揃っているかいないかで表現されていて、揃っているのが寝ているところだという。よく見ると足先をわずかにずらせている像と、二つが寸分の違いなく揃っている像がある。こういう造像の区別が信仰上どんな意味をもつものかわからないが、そのどちらも、安心しきって人間が横になっている理想の姿という感じだ。堂々たる寝姿に圧倒されるが、しかし目前のこの寝釈迦に手を合せて祈るという気持ちは起こってこない。信仰心の問題だろうが、日本の仏像のイメージに縛られている私たちにはあまりに生々しすぎる。しかし釈尊をあくまでも人間として受け止めているところに、この国の人たちの信仰の核を見たように思った。

スリランカで一番印象に深かったことは、仏陀への献花だった。いかにもやさしく、思いをこめて崇高なる人に花を捧げていた。仏教徒の信仰の核は、仏に花を供えるという行為に凝結されているかのようだった。

木の葉や草で編んだお皿に花を並べ、それを捧げ持っている婦人、両手の先に蓮の花を一本はさみ持った男の人、掌に白い小花をのせて仏陀の前に歩み寄る少女、どの人も花が心であるかのように大事に扱っていて、その姿には信仰者のやさしさがあった。

色、形とりどりの南国の花は、極彩色の釈尊をより一層華やかに明るく荘厳していた。どこへ行っても瑞々しい花が仏に手向けられ、かすかな芳香があたりに漂っていた。花の種類は、蓮の花を除いては小さな花ばかり。テンプルフラワー（プルメリアとも）と呼ばれるお寺に多い白い花や、ジャスミン、ランといった、比較的花弁の肉が厚いものの花首だけを摘んだものだ。日本のように茎はつけない。ヒンドゥー教で使われる濃いオレンジの小花、マリーゴールドは、仏前では見なかった。献花でも仏陀とヒンドゥーの神は区別されているのかもしれない。

その花の供え方がまた優雅だった。寺院内では仏陀の前にある供え物のための机に、各

人が花を置く。たくさんの礼拝者が集まる大きな寺院では、積み重ねられた花が美しい花の絨氈を作っている。田舎町のひっそりした寺院などでは、五つか六つの花だけが、それは少ないなりに一つの形が作られていて、何か意味深いものを表現しているのかと思わせるものがあった。花で描く図形は色々あって、円、二重円、四角、長方形、三角、その組み合わせは、花のまんだらを見ているような美しさだ。

ある寺院ではテンプルフラワーを「仏塔」の形に置いた献花を見た。またジャスミンの花だけで描かれた仏塔が、ひっそりと供えられているのも見た。花で描く曲線のやわらかさと白い花のすすがしさに、しばらく見とれていた。一瞬、聖都アヌラダプーラの緑の平原のただなかに、豊かに盛り上がる白い乳房のような三つの仏塔の姿が、鮮やかに脳裏をよぎった。キャンディの仏歯寺では、奥の院の「仏歯」の前に捧げられたジャスミンが、大きな器にこんもりと山盛りにされていた。それは真っ白な仏塔を形づくっているように思われたが、そのように意図されたものかどうか知らない。しかし献花には、たしかな意味があるように思われる。その背景に、宗教、民族、歴史、気候風土が大きく拡がって。

この国では仏塔をダガバと呼ぶ（ビルマではパゴダ、インド、ネパールではストゥーパ）。各地に壮麗な姿で輝いている仏塔は、真っ白いお椀を伏せたようなこんもりと丸い形で、その中心に釈尊の遺骨や遺歯が安置されている。仏教徒にとって一番大切なものだ。寺院の境内にはかならず仏塔と菩提樹と涅槃仏を祀る本堂があって、この三つがスリランカ寺院の構成要素である。序列でいって仏塔が第一なのは、釈尊の遺骨が現実に存在しているからということで、遺骨は釈尊その人ということになる。それに比べると仏像はどんなに立派でもあくまでイメージであるという。こういう考え方がわからないと、この国の上座部仏教（テーラバーダ）の姿は理解できないようだ。信徒の仏塔に寄せる思いは篤く、敬虔そのものである。白い花びらの仏塔――何と清浄な仏への供え物だろう。

花を並べながら祈っている女の人の後姿に、私はその時、唐突なイメージを重ね合せていた。それは舞台に立つ憧れのスターに、熱烈な思いをよせ、花束を捧げるファンの姿だ。釈尊その人への熱狂的な憧れが、釈尊一仏信仰を固く守り続けるこの国の仏教を支えている情熱なのだろう。インドで起こった仏教の、初代の純度がもっともよく保たれている国といわれて、スリランカ仏教は今、脚光を浴びている。しかしスリランカの歴史が示すように、二〇〇〇年余の間には、タミール人の侵入やヨーロッパ人の支配による仏教の迫害苦難、そして仏教の衰微という事実がある。それにも屈せず、脈々と釈尊の精神を子孫に伝える努力の強靭さは、釈尊の生涯と思想に対する熱烈な思慕と信仰心がなければ、到底なし得ないことであろう。

北方仏教圏のもつ、多仏信仰の神秘的な暗さも、また曖昧な甘さもないこの国の仏教。一仏信仰のもつ簡潔な、どこか突き抜けている明るさに私は惹かれる。むしろその透明な明るさこそ、宗教が本来もつべきものではなかったのだろうか。

仏陀に花を献じ、供養するというならわしは、どこの仏教国でもおそらく古い歴史をもっていることだろう。開創は西暦前と伝えられるダンブラ洞窟寺院の、極彩色の壁画のなかにも、蓮華を捧げ持つ仏弟子たちがたくさん描かれている。またダンブラに近いシギリアには、突出した岩山の頂上にかつての宮殿跡があり、そこにシギリアレディと呼ばれる五世紀後半の壁画が残されている。豊満で気品溢れる美しい乙女たちが、手に手に花を携え、仏陀への供養に出かける姿といわれる。テンプルフラワーを親指と人差指でしなやかにつまみ、あるいは未敷《みふ》蓮華を持ち、あるいは花を盆にのせて捧げ持つ天女のように妖しく美しい女たち。その優雅で翳《かげ》りない姿は、一五〇〇年の歳月を超えて、この国の人たちにぴたりと重ね合わされる。そこに私は広大な宗教空間を思い描いた。

私たち日本人が、日常仏に花を供えることの意味は何なのだろう。スリランカを案内してくれた現地人のスニール氏に、あなたのお国も仏教国、ではどうやって仏陀に花をお供えするのです？ と質問されたことが、やりのこした宿題のように心にひっかかっている。

この国の人たちの敬虔な献花は、——花のいのちと人間のいのちを重ね合わせ、それを釈尊に捧げることで、永遠のいのちを肌で感じとる——いのちを知る知恵の一つのように思われた。

（『未来』245号、一九八七年二月）

スリランカ南部の旅――ブドゥルワーガラ磨崖仏と聖地カタラガマ

スリランカを十六年ぶりに訪れた。この国のはじめての印象、〝緑豊かな大地、壮大な仏教遺跡や魅力的な石仏、敬虔な仏教徒と人びとの温和な表情〟などは少しも変わっていなかった。変化といえば、遺跡は整理が進み、管理の目も届いていること、観光地に人は多く、立派なホテルがふえ、町や村の灯りが増したことだろうか。庶民の暮らしにはあまり変化がないと現地人は言う。国家の大問題である民族紛争はますます激化し、国の経済を脅かしている。

今回の旅では、先年日程の都合で訪ねられなかった南部を中心に南西海岸を回ってみた。この国を知るほどに、小さな国が内包する諸相の多様さ、とくに基層文化の混淆《こんこう》にますます魅力を感じている。それは私たちの国日本とも決して無縁ではないと思うからだ。

観音霊場の遺跡ブドゥルワーガラへ

古都キャンディから高原地帯を一時間ほど車で走ると、美しい町ヌアラ・エリアにつく。

ここはセイロンティで名高い紅茶のエステートがある一〇〇〇メートルの高地である。見渡す限りの茶畑は艶やかな緑の絨毯で、その中で籠を背負った女性たちが黙々と茶摘みをしている。色とりどりの服がモザイクのように動いていた。

製茶工場を見学し、味と香りを楽しんで再び南下。ウエッラワーヤという分岐点の小さな町を通り目的地に向かう。

「ジャングルに残された謎の磨崖仏」などと旅の案内書には書いてあるが、幹線から五キロほど山に向かって奥に入った地点で、車では無理である。点在する民家が途切れると、背の高い草が密生する野原が続き、小さな草花が道端に咲き群れる。小鳥がしきりに囀ると思うと、湿地帯がぽっかり現れ、日本では見たことのない羽の美しい鳥が水と遊んでいる。何という静かさなのか。発見されるまではたぶんジャングルだったのだろう。

辿りつくのは大変だがハイキングの楽しさいっぱいの道中である。この自然の中にたたずみ、目をつぶり、呪文を唱えれば透明人間になれそうな気分になる。なおも進むと見通しがよくなり、道端に案内板が出ていた。人の気配は全くないが間近らしい。

乾いた道の突き当たりにどーんと巨岩が現れた。この意外性は国東半島熊野の大日如来、不動明王の磨崖仏を連想させた。岩の中央に高さ十五メートルという仏陀像が堂々たる迫力で立っている。その左右に十二メートルほどの像が三尊並んだ形式で彫られている。か

っては漆喰《しっくい》が塗られ、彩色が施されていたようだが、現在は中尊の観音菩薩だけが白く浮き出ている。千年の昔は目もあやな宗教空間だったにちがいない。

案内板を読むと（信憑性は疑問だが）全体の中央が仏陀、そのあと尊名が並んでいるだけで、いずれとも判別はされていない。私見を試みれば、左群の中央は頭上に化仏《けぶつ》があるので観音菩薩、その両脇が多羅《たら》菩薩と不明の菩薩。右群の右端は金剛杵《こんごうしょ》を持っているので金剛手菩薩、左端の凛々しい顔立ちのお像が案内板によるとシッダルタ王子像らしい。中尊は弥勒《みろく》菩薩ではないかと思う。いずれも九～十世紀頃の作といわれている。

上座部（小乗）仏教国スリランカは本来釈迦一尊を尊崇する仏教だけれども、この国の長い歴史の間にはインドから大乗仏教が伝えられ、一時期栄えたことがあった。そのことを思うと、ふくよかなお顔とはっきりした目鼻立ち、くびれた胴と衣褶《いしゅう》などに、インド大陸の彫像の面影を重ねて見ることができる。まだお顔も姿もはっきりした線は残っており、この国に観音信仰が存在したという証は、石仏をより身近に感じさせるものだった。七尊全部が両手を胸前に掲げているお姿と印相は、何を意味しているのだろう。

訪う人も稀なひっそりとした山中の、かくれ霊場というにふさわしい磨崖仏の前で、この国の仏教が辿った長い歴史を思い描いた。

聖地カタラガマ神殿のプージャー（礼拝）に万能の神が住む聖地といわれ、どんな望みも叶えてくれるというカタラガマの神は大変に人気が高く、全国から巡礼者が訪れる。

地名のカタラガマが神名になっているが、本来はヒンドゥー神話に登場するムルガンという軍の神で（インドではスカンダ）、シヴァ神（ヒンドゥーの最高神）の息子。その姿は美しい孔雀に乗った美青年に描かれている。若々しい力に満ちた神への信頼なのだろう。南インドでは特に人気がある。弟は象頭人身のガネーシャで、ともにヒンドゥー圏では信仰が厚い。

夕刻のプージャーの時間、六時半にあわせて到着する。車を降りると供物や花、参拝用品を売る小さな店が並んでおり、民家はほとんど巡礼宿だそうで、さすが巡礼地との印象をうけた。

聖域に入るところで川を渡るが、橋の下には沐浴場があってたくさんの人が浄めの水につかっている。白い門のある神殿の表入口、その左手で靴をあずける。ヒンドゥー教も仏教も、境内は裸足が原則である。なれないうちは足裏が痛いが時には裸足になるのも気持ちのよいもの。

供物の皿を持った参拝者がぞろぞろ門内に吸いこまれていく。あたりは暮れなずみ、細長い灯明棚の炎が生きもののように揺らめいている。と、急に激しいドラムの音が鳴りひびき、同時にたくさんの鐘が共鳴して音のるつぼに放りこまれた感じだ。

小さな神殿、これがご本尊のお住まいか？　と疑うほどの建物の扉が開かれた。明々と灯がともされて、香油と香の匂いが充満した内部はすでに人でいっぱい。正面に羽を広げた孔雀に乗るカタラガマ神像の大きな垂れ幕がさがっている。供物（果物や菓子、花など）を持った人は左、持たない人は右に並んで神官のお出ましを待っている。ドラムはますます激しくなる。ラッパの音も混じった賑やかな礼拝に度肝をぬかれていると、神官が二人現れた。白い服に、刺繍をした袈裟《けさ》のようなものを肩にかけたやや年配の男性である。

信者が持った供物を一人ずつ受けとり、神様に半分捧げ、残りに聖灰をかけて返してくれる。何も持たない人には眉間に灰をつけてくれ、手の平に聖水をかける。これでプージャーは終わり、別の扉から順に出ていく。ごった返す人波のなかでは、ゆっくりご本尊の拝観はできなかったが、多面多臂の魅力的な神は二人の神妃を従え、ぱっちりと目を輝かせていた。

すぐ隣にガネーシャ神の小神殿があったが、こちらは人影まばら。そのまた隣の建物には仏陀が祀られている。ヒンドゥー教はヴィシュヌ神の化身として九番目に仏陀をあてているので、ヒンドゥーの神々と一緒に祀られていても不思議ではない。神も仏も一緒のところが私たち日本人にはなじみ深いのかもしれない。

神殿の裏口を出て一直線に五〇〇メートルの参道が伸び、その突き当たりに巨大な純白の塔が見える。これがキリ・ヴィハーラ仏塔である。長い参道を裸足で、蓮の花を持って参拝した。

ここはスリランカ独立後、仏教国家としての確立を望み、政治家や有力者たちによって造営されたときく。政府は一大宗教公園都市の建設を構想しているという。仏教、ヒンドゥー教、イスラム教など超宗派の聖地（たとえばアダムス・ピークのように）になるのは何時のことだろう。

シンハラ人とタミール人の民族紛争に、終止符の打てない現在のスリランカを思うと、何でも願いを叶えてくれるカタルガマ神と慈悲を本誓《ほんぜい》とする仏陀とが共存するこの聖地の皮肉を思わずにはいられない。

（「青渕」628号、二〇〇一年）

東部ジャワ旅日記

八月某日

東部ジャワの表玄関、インドネシア第二の都会といわれるスラバヤ（旧バダビヤ）を振り出しに、私の旅は始まった。

スラバヤ到着後、空港待合室で見かけた異様な風態の男女の群れは、メッカ巡礼から帰ってきた団体だと、ガイドのランビン氏は教えてくれた。男は黒い背広に黒い回教帽。女は更紗の民族衣装に黒や白のヴェール。手には巡礼みやげのうちわを持って。このように書けば、ちっとも異様な風態ではないのに、空港の待合室を半ば占拠して黙々と坐っているのを見た時、一瞬ギョッとしたのだった。飛行機に乗って旅行する人種の顔付きにはとても見えなかったし、妙に不気味なふんいきがあった。黒い顔に黒い目がキョトキョト落ちつかなく動き、着なれない背広に身を堅くしているのがわかった。

女の数は少ないが、男女とも中年以上に見えた。ここからまたバスに乗って故郷に帰るらしい。その後姿を見送っていたら、背の低い男がひょいと黒い皮靴を脱いで裸足になった。

インドネシアは回教国である。回教徒の最高の理想は一生に一度メッカに巡礼に出ることなのだそうだ。そのために営々と働いてお金を貯め、時には土地を手離すこともあるという。現在、聖地巡礼のツアー費用は日本円にして五〇万近いとのこと。所得は日本の十分の一にもならないから大変高額である。あのおじさん、おばさんたちは地方の名士、そして裕福な農民だったようである。

ガイドのランビン氏は中国系のインドネシア人で、色の白い温厚な紳士である。日本語はとてもうまい。(日本に来たことはないそうだが)ガジャ・マダ大学で考古学を専攻したそうで、歴史には明るい人だ。

車はマラン街道をまっすぐに南下して行く。マランまで八〇キロ。ゆったりした街道の両側には、葉を茂らせたマホガニーの並木が続き、ところどころカンボジアの白い花が目に鮮やかだ。

二頭立ての牛車がのろのろと進んでいる。白い牛を見たのははじめてだが、なぜか上品に見える。そのあとに客を乗せた箱馬車がゆっくりと続く。二、三人の乗客が寝そべってお喋べりをしている。横になった男たちがかぶる黒い小さな回教帽が、まるでマッチの先っぽのようだ。トラックやオンボロ車が疾走する。だが決して警笛などは鳴らさない。

道の脇を洗い晒した色合いの更紗を身にまとい、腰にも同じような布を巻きつけた女たちが、籠などを持って静かに歩いている。みんな裸足である。爪先に白い土煙りがあがっている。今は乾季だから空気はさらっとしていて肌に爽やかだが、道の土は細かくて軽い。

ここでは住民の生活のリズムがごく自然というのか、実にゆったりとしているので、時計と機械に追い回されている日本から一足とびに来てみると、歴史を逆行しているような錯覚におちてしまう。異国でありながら、それは、私たちと同質の文化をもった国のもつある懐かしさに満ちている。日本人の暮らしの中にかつてあったもの、それに触れているうちに、私は急速にジャワの空気に染められていくようだった。

マラン街道はこの国の主要な国道であるから、と思ってみても、スラバヤからマランまで家々が途切れることなく続いているのには驚いた。もちろん表側一列だけで、裏はすぐ田畠になってどこまでも拡がっているのだけれど。日本の農村地帯だと町や村を通りすぎるとしばらくは山地だったり人家が途切れたりするのだが、ここの隣組はどうなっているのか、などと日本的発想が起こる。

両側にある家の入口はすべて道側に開いている。門を入ると庭、庭の奥が建物で、造りは洋風、家はペンキ塗りが多い。三五〇年、オランダの植民地だったから、やはりどことなくバタ臭い。

印象的だったのはどこの家の入口にも（玄関ではない）一九四五・八・一七の数字が大きく、はっきり書かれていたことだ。はじめは、住居表示がよくできているな、と思っていたのだが、どこの家のも同じなので、ランビン氏に尋ねた。
これは独立記念日なのだ。この数字の日、国民的英雄スカルノがジョグジャカルタで独立宣言をし、インドネシアは正式にオランダから独立した。国を挙げて、津々浦々に至るまでこの記念日を祝い、前後一か月は各地で催しものがあるそうだ。パレードや演芸会、何かの表彰式などにも出くわした。国を挙げてのお祭りには、今この国が真剣に国造りをしようとしている熱気が感じられた。国民精神を統一するための国家行事、という感じだ。

八月某日
インドネシアの土を踏んで、はじめての遺跡チャンディ・ジャビィに立つ（チャンディとは神仏を祀る宗教建造物のこと）。
強烈な陽射しに射すくめられる暑さなのだけれど、空気がさらっと乾いているせいか、さして暑いとは感じない。汗が出ないという爽快さは日本では滅多に味わえない。十四世紀初頭のヒンドゥー遺跡、チャンディ・ジャビィは、ラワンという町の外れに、写真で見たとおりの静かな姿で、静かな一隅を作っていた。

復元修理されて往時の姿を偲ばせる壮麗な塔は、高さ二十五メートル余、基壇《きだん》、身舎《しんしゃ》、屋蓋《おくがい》と三層からなる典型的なヒンドゥー寺院の遺構を残している。そのピシリとしまった全身は青空にすっくと立ち上がり、背景の紫色に煙った美しい山容をもつアルジュン山との対比には、ハッと胸を打つものがあった。チャンディ・ジャビィはアルジュンに捧げた神殿、ではなかったろうか。山を信仰の対象とするヒンドゥー教の思想の表れのようにも思われる。

というのもインドネシアに来て気がついたことだが、この国の山は日本の山とは全くちがっている。大平野にポツンポツンと高い山ができている。きまぐれな神々が、円錐形の甘食をそこここに置き忘れていった、とでも言いたいような童話的な山の風景なのだ。

日本では山脈をもたない山、山塊をもたない山、というものをあまり見ないせいか、平野の真中に一〇〇〇メートル級の山が突如として隆起している風景はとても新鮮だった。単純明快な思考が導き出されるような予感がした。朝な夕なに望見する美しい山に宇宙の神々が住む。ヒンドゥー教徒はそう考えたにちがいない。はじめて見た東部ジャワの山々は、そのどれをとっても聖なる山と呼びたい気品に満ちている。私は奈良の三輪山を思い出していた。ぽっこりとした山三輪山は、山そのものが神であり、日本在来の神の元祖になっている。ヒンドゥーの神観念と日本の神観念はよく似ているのではないだろうか。

基壇は精緻な浮彫りで埋められていた。人物が細かく、写実的な彫刻であるが、残念ながらテーマはわからない。シンゴサリイ王朝最後の王クルタナガラの墓廟祠の一つとされているから、あるいは王の何かの行列なのかもしれない。灼熱の陽の下で無数の人物はその歩みを止めたまま、永遠に立ち止まっている。そう考えだすと不意にめまいに襲われそうになった。

かつては主尊が安置されていた主堂にのぼってみると、大きなヨニが真中に置かれていた。ヒンドゥー寺院で、リンガとヨニが主房内に祀られるのは、神格を表現する一種のシンボルだからだ。つまり生殖を司るシヴァを象徴するのが男根をかたどったリンガであり、それを、対応する女性の器官であるヨニ（母胎）の上に置く。ヨニは四角い台座の形態で、上面に円柱状のリンガを受け入れるための孔が開けられている。リンガの大きさは直径三〇センチ、高さ一メートルぐらい。ヨニの台座には細かい彫刻がほどこされている。これらははじめて見るものだった。象徴化された表現の巧みさに驚嘆した。瞬時でも宇宙の哲学を考えさせてくれる迫力があった。日本で見る金精様《こんせいさま》やその概念とはちょっとちがうと思った。

現在チャンディは国の管理下にあるので、チャンディを中心にした神域は簡単な柵ではあるが、きちんと整備され、掃除も行き届いている。生活を感じさせるものは何一つ形をとどめない。まことに明るくて、からりと乾いた遺跡の風景なのだ。何世紀にもわたる遺跡などというものには、何かしらの思い入れが生じてしまうものなのだけれど、そんな湿った人間の感情などてんで受けつけようとしない、透明で硬質の乾いた空気があたりをとり囲んでいた。「乾いた風景」の実感をもったのは、今度の旅がはじめてである。

今日まで残されている石造美術の数々は、ジャワ・ヒンドゥー芸術と呼ばれる八世紀から十五世紀に至る時代の、ヒンドゥー教と仏教のものばかりである。それらの文化遺産は、政府とユネスコなどの援助により徐々に修復され、管理されて、荘厳なたたずまいを見せているが、そこには既に信仰は存在していない。東南アジアに君臨したモジョパイト王国は、西からのイスラム侵入によって衰微し、王国の末裔たちは今、回教徒である。そして現在のインドネシアの国教も回教である。いかに壮大で芸術的な寺院があろうと、現代の住民たちとは何の関わりもない。祈りを捧げる神の座は移ってしまったからだ。だからチャンディにヒトの心はこもらない。遺跡のもつあっけらかんとした乾いた風景は、現代のジャワ人たちが作っているものだった。しかし私は、とても爽やかだった。チャンディを見続ける旅の間に、自分自身が日ましに乾いていき、軽くなっていくのではないかと思った。

日本は湿っている。何もかも。ビショビショと絞れば水がしたたり落ちるように湿っている。乾いた文化、湿った文化、という分け方ができるのではないだろうか。

八月某日

西暦一三〇〇年から一五〇〇年代にかけて東南アジアに君臨し、栄華を誇ったモジョパイト王国の遺跡群は、トロウランという村に点在している。周囲の環境には何の関わりももたず、素気なく取り残されて静寂な空間を作り出していることは、東部ジャワのどこの遺跡とも同じだ。たまさかの見学者によって瞬時その静寂は破られるけれど、チャンディの姿は物悲しいまでに孤高である。

チャンディ・ティクスについたのは午後四時頃。ここは十五世紀の霊水沐浴場の跡である。乾季なので一滴の水もないが、雨季になれば満々と水をたたえているそうだ。

先程この遺跡への砂利道をゴトゴト走ってくると、村の入口に通せんぼの柵があった。道端の家から男が小走りに出てくる。運転手は黒い回教帽をぴったりかぶったその男に、何がしかの料金を払った。部落の通行税なのだそうだ。部落に車が入ると道を傷めるので、その補修代ということらしい。どこの家にも車輪のついたものは見当たらない。みんな裸足で歩いている。道の両側の家は、竹の皮を編んで作った壁をはりめぐらせた簡素な家で、その上に白いペンキが塗ってある。新築の家はペンキが真っ白に光っていた。

いつのまにか私たちを遠巻きにしてたくさんの村人が集まっている。どこから出てきたのかと目を疑うほどだ。年寄り、働き盛りの男女、赤ん坊を抱いた女、大小の子供たち。彼等の目はいっせいに見学者の上に注がれている。近づいてくるわけでもなく、物をねだるわけでもなく、眺めているだけで、時々何か話し合いながら真っ白い歯をみせて笑っている。こんなに大勢の人間に物珍しげに見つめられたのはずいぶん久しいことだと思った。昔、東京っ子の私が田舎へ遊びに行った時、村の子供たちに、遠慮会釈のない好奇の目をぶつけられて、激しい戸惑いとある誇らしさをもった日のことを思い出した。異なったものに対するむき出しの興味、その凝視の姿に、ある懐かしさをしきりに覚える。世界が狭くなったといわれる今どき、こんな目に出会えるとは意外だった。

私は何かを不思議そうに見入る目や姿が好きなのだ。まっすぐに射しこまれる好奇心の目に、身近な人間を感じるからなのだろう。「不思議大好き」というコピーがあるが、現在そのことばを体で表現しているものはないように思う。私たちは不思議という観念を作っているのにすぎないのだから。私の胸のバッジを食い入るように見つめている女の子の目がある。ただの航空会社のマークにすぎないのだが、「丸く光っているきれいなもの」

に感動している様子がよくわかる。私は胸のバッジを外す。女の子はパッと笑顔になってバッジを手にしてかけ去った。あの子の宝物になるだろう日本のバッジのことを思うと心が和んだ。単調な農村の生活に突然現れた外国人のことは、きっと今夜のトピックになるだろう。ここの人たちがどれだけ日本や日本人について知っているのか全くわからないけれど。会話一つ交せないことがなんとも情けない。

いくらか陽が傾いてきたような感じがあったが、そのうち五時になるとストンと夜がきた。じわじわと余韻を残して太陽が沈み、そのあとの夕焼け空を感傷的に眺める、というふうな日没ではなくて切れ味のよい刃で、目隠しの垂れ幕を一息に切りおとした感じだった。薄暮の後に仕切り一枚で、ぬめぬめした黒い世界がじっと控えていたかのようだ。私は妙にこの国の日没にこだわり、そのこだわりが異国の地にあることを強く感じさせていた。

日本での日常の観念をそのまま持ち込んでいる私は、五時の日暮れに秋や冬を連想してしまう。こんなに早く日が暮れる国とはうかつにも想像しなかった。旅立った真夏の日本ではなかなか日が暮れず、七時か七時半頃まで戸外は明るい。夏の旅のメリットは日いっぱい観光が可能であることだから、ついその積りでいたのがおかしい。考えてみれば、赤道周辺にある国は一年中同じ状態にあるのが当然で、日の出と日没の時間はほとんど変わりないはずである。昼と夜とが天秤の真ん中で、等分に釣り合っている目盛りが五時、なのである。昼と夜とは十二時間ずつ、正確に一日を作っているのだろう。

そういえば、今朝、外が明るくなってきたのは午前五時頃だった。昼と夜とが同じ長さの日は一年に二日しかない国と、一年中同じ国。

このちがいは人間の意識に何らかの作用を及ぼすだろうか。それは、最初に私がこの国の農村の人たちを見て、ごく自然なリズム、実にゆったりとしたリズムを感じたことと関わりがありそうだ。すくなくともここで暮らす人たちの生活のリズムは、秩序正しく運行されているだろう。

私たちのように四季折々の気候と、それぞれに異なる日の出、日の入をもつ国民は、変化に処する適応性をもたなければならないから、いつも周囲に気を使ってせかせかと暮らしているようだ。一年中五時に日が暮れる生活は私には不思議だ。

ランプに灯をともしている男の姿が闇の中に浮かび上がった。電気はまだわずからしい。ガランとした部屋で人影がゆっくり動いている。それは、異国であって異国でない懐かしい風景だった。

（一九八四年四月）

バリ島にみる守護神

バリ島内を車で走っていると、三ツ角、四ツ角などのロータリー中央部に、石像がかたまって立っているのを幾つも見かけた。像の大きさは等身大の前後ぐらいだが、台石に乗っているので遠くからでもよく目立つ。それは怪奇な貌《かたち》をもった鬼か猿かよくわからない逞しい像で、三体が背中を向き合わせて、ぐるりと四辺ににらみをきかせている。さてはバリ島の道祖神か？　と思ってガイド氏に尋ねると、

「あれは悪霊《あくれい》が村に入ってくるのを防ぐために立ててあるのです」と言う。

そしてまた、

「ヒンドゥー教徒は悪霊を一番怖れていますから、悪霊が村に入ってこないように、神さまに毎日お供え物をして祈ります」と続けた。

「これは何時頃からお祀りしているのでしょう？」という私の問いには、

「さあ、わかりません。昔からずーっとですから」と現地人のインテリ氏は首をかしげた。そんなことをきく方がおかしい、というような顔付きだ。一般観光客にはないらしい

少々しつこい質問に、ガイド氏は考えこみながらもできる限りの回答をしてくれたのだったが、住民の八五パーセントがヒンドゥー教徒というこの島での信仰や習俗などについての研究が進められているとは到底思えなかった。

日本でだって同じことが言えるが、昔からずっとお祀りしているものに特別な疑問をもつ、ということは大変なことなのだ。この島で生れ育った人にとっては何の不思議もないことなのだから。——

しかし道路上の石像がどこまでも三体になっているのは、ヴィシュヌ、シヴァ、ブラフマーのヒンドゥー教最高神のシンボルとしてらしいことはわかった。

石像の隣に石で組んだ足の高い座椅子のようなものが立っていて、これは悪霊に供え物をする常設台ということだった。石像の前にも簡単な竹の柵が作られている。たまたま中年の女性が篭を持って現れ、供え物をしているところを目撃した。日に三度も供え物をするそうである。「悪霊はたくさん食べるのです」とガイド氏がつけ加えた。椰子の葉などで編んだ四角い小さな皿の上に、色鮮やかな花びらや小さな果物などがのっている。供え物をするとその女性はさっさと姿を消した。忠実に義務を果す人の表情だった。足元の地面には無数の葉皿がちらばっていて、汚ならしく感じられるが、そんなことは気にするふうでもなかった。古いものは褪色してカサカサに乾いていた。

ヒンドゥー教徒の悪霊をさえぎる、という発想は、日本にある「塞（ふせぎ）」と共通したものではないのだろうか。

邪悪を追い払う、災いを防ぐ、という塞《ふ》せぎの第一義的思考――ここから神の選択と設定が起き、次にどこで、どこを、の場所の設定に、境界とか門、入口などが決められ、そして神への奉賽《ほうさい》から奉賽物が選定される過程は、塞せぎの形態であろうと思われる。なかでも神を路傍に祀る、という行為は日本人の道の神の発想によく似ている。なぜ道なのか、日本人には善も悪もすべての神は道を歩いてやってくる、という思考があったように、ヒンドゥー教徒も悪霊は道を通って村に入ってくる、と信じられているようだ。

特に入口、出口の口というところには敏感で、かならず石像が立っている。建造物の入口、寺院の入口、橋の両はし、住居の入口、どんなささやかな建物の入口にも魔よけと称するものがある。どれも怪奇な面の石像で、鬼か猿かわからないと前にかいたが、服装や姿態などから見ると、たぶんこれらはインド叙事詩ラーマーヤナに登場する猿の姿をした神、ハヌマンではないかと思う。バリ島では悪霊を防ぐ守護神になっている。

ヒンドゥー教徒の信仰で特徴的なことは悪霊に対する極度の怖れである。ゴマンといる宇宙の悪霊をたえずなだめすかし、怒りを鎮め、人間に災いをもたらさないよう万全の防備体制を整える。

バングリ村の農家で見た、屋敷内の隅に設けられた悪霊のための供物台には、ちゃんと供え物が捧げられていたが、その供物台は一つだけではなかった。僧侶に見てもらって方角が悪いと、また別のところに新設するということで同じ屋敷内に悪霊

用の供物台は複数で存在している。女たちは手間ひまかけて、供え物をのせる皿を椰子の葉で編み（なかなかデザインがこっていて手芸品として見事なのだが）、一日の大半を費してまで神事に関わっている。すべて悪霊の怒りを鎮めるため、悪霊が怒り出さないため、というわけなのだ。

この悪霊に対抗する神として、ヒンドゥー教徒はシヴァ神を選択した。破壊を受けもち、風で象徴される猛々しい神の選択にはなるほどと思わせるものがある。バリ島の各家にはこのシヴァ神を祀る石殿と、先祖の霊を祀る石殿とがかならずあり、そこにも供え物をかかさない。

またもう一つの守護神カーラもバリの寺院、建物の入口にかならず彫刻されているものだ。とび出した大きな目玉、二本の牙をむき、神仏に反抗する敵性動物の尾をかみくだくさまを表しているという石造の怪奇な面は、シヴァ神の化身と考えられ、人間を食う悪魔というより、悪に対抗する守護神になっている。このカーラはバリ島だけでなく、インドネシア全土に拡がっていて、民族デザインとでもいったらよいだろうか。

バリ島は神と悪霊との均合いのなかで平和に生きている、というのがバリ島を旅しての実感であった。そしてこの信仰の実体にふれてみて、何人にも冒しがたい信仰生活が存在していることを知った。

神と悪霊とが同次元の世界で、せめぎ合い、馴れ合い、一種独特の観念の世界を作っていて、それは住民の身心のなかに浸透しつくしているという感じだった。もっとも怖れを抱く悪霊が観念の所産であるとすれば、超強大なシヴァ神もまた同じ創造である。そのシヴァ神が容易に化身して守護神となりうるのも、ヒンドゥー教の多様で、幻想的で、激しい情念の創造なのであろう。

塞せぎはそれが観念であれ、自然に対する敬虔な発想であれ、人間の生命を脅かすものから身を守る、という原始的な人間の智恵の結集であることは、日本においてもインドネシアにおいても、土俗信仰の根底にあるもっとも純粋な情念であるように思われる。

（『日本の石仏』24号、一九八三年二月）

ワット・チェット・ヨートの菩薩たち

タイ国の首都バンコクから八〇〇キロメートル、視界をさえぎるものは何一つないといってよい大平原を北上し、その道の行く手に小高い山の形が霞んだように現れる街、そこがチェンマイであった。この街を過ぎれば、二六〇〇メートルの山岳地帯が帯状に続き、ラオスやビルマとの国境を作っている。今なおメオ族やカレン族などの少数民族が独自の生活を営んでいる。

チェンマイは静かな落ちついた街である。人口は十万くらいらしいが、四百万のバンコクについでタイ国第二の都会なのだという。十三世紀後半に建設された歴史の古い街であり、現在も北部タイの中心地である。チーク製材、やきもの、漆工芸、そしてチェンマイ美人の産地としても名高い。

チェンマイの街並みは思ったより明るくゆったりとしていて、堀端のマクマオウの並木がまっ直ぐに伸びて並び、かすかな木蔭を作っている。町角のどこにたたずんでも、ひっそりとした空気が流れているように思えた。バンコク周辺にあるメナム平原の町の混濁したたずまいとは違った、山の地方らしい落ちつきと、古都と呼ぶにふさわしい鄙《ひな》びた床しさがあった。

市中にはたくさんの寺院があった。どの通りにも、どの小路にも、タイ様式の華麗な寺が燦然《さんぜん》と輝いている。ほとんどが木造で真っ白い漆喰を塗ってあり、建物の破風《はふ》の部分や、扉、窓には細密な美しい彫刻がほどこされていた。堂内には金ピカの大きな仏陀が安置され、黄衣の僧が時折出入りするのを見かけた。今は廃墟になっている古寺がいくつかあった。ホテルのタクシーの運転手は、古いお寺を、頼んだとおり道順よく案内してくれた。有名なワット・チェット・ヨートは、街道から少し入りこんだ田んぼの中にある。

煉瓦積みの重層の塔が崩れ、雑草が生い茂り、ひどく荒廃しているが、青々とした草の色が廃墟を物悲しく見せていた。境内の裏側に大きな仏塔があった。基壇が広く、上の方に四角い塔がいくつも立っている。煉瓦を積み重ね、表面を漆喰で固めたのであろう大きな塔は、永い歳月の浸蝕で漆喰は剥落し、塔全体が何ともいえぬ古色の渋い美しさに変化している。

塔の壁は、さまざまな肢態のスタッコ（stucco 化粧漆喰）の仏像で取りまかれていた。漆喰が落ちて、基盤の煉瓦が露わになった部分があっても、それはとても美しく、神々しくさえあった。二メートル余りある石像は浮彫りなのだが、ほとんど全身像といってもよいほどの肉付きなので、圧倒されるばかりの迫力がある。どの仏も豪華に、きわめて精緻に荘厳され、その豊満な肢態は今もなお息づいているかのようだ。胸の前で合掌した手はほとんど剥落しているが、丸い肩からごく自然に曲げられている腕の線のたおやかさが、今はない指先を繊細に思い描かせてくれる。ほんの少し振り向いたお顔の神秘さ。いずこへ、とその視線を追いたく思うそれぞれの目許。かすかに笑みを浮かべる魅惑的な口許。宙に浮くような形で配置された仏たちは、仏陀を取りまく天上の菩薩たちなのであろうか。

それにしても、この造塔と立派な彫刻の意味を考えずにはいられない。ワット・チェット・ヨートは、七つの塔の寺という意味である。小さな立て札には、寺の名と「AD一四六六年、ティロカ王によって建立」とだけ英語で記されている。タイ国を旅して気がつくのだが、遺跡などに、日本のような丁寧な説明がついているのを見たことがない。何であるか、と年代ぐらいが書かれている。それも外人観光客のためであって、自国向けのものは皆無なのだ。だからこの寺の由来などを詳しく知る術がなかった。何とインドの彫刻に似通っているのだろうか、という感慨と疑問をもち帰ってきたのだった。結局、フランス人の大学教授が書いた「ART OF THAILAND」という本を現地で手に入れて読むより仕方なかった。

一二八一年、七世紀以来六〇〇年にわたって存続した北タイのハリプンチャイ王国は、チェンセーン王国のマンラーイ王によって滅ぼされた。マンラーイ王はチェンマイを建設し、ランナタイ王国の首都と決めた。チェンマイが「新しき都」という意味であるように、マンラーイ王は新しい首都に建設のビジョンを託していたのであろう。厚い煉瓦の城壁は今もところどころに残っており、その外側の堀はそのまま残っている。その後、ビルマによって滅ぼされるまでの二六〇年、この国は仏教と共に栄えた。

建設者のマンラーイ王は、仏教の篤い信奉者であったため、ビルマにおける聖なる仏教の都パガンをも訪れている。パガンにおけるマハボディ寺院への憧れが、王の胸にたぎっていたのは当然であろう。そしてそのパガンのマハボディ寺院は、さかのぼればインドのボドガヤ（ブッダガヤ、釈尊成道の地）のマハボディ寺院の模写である。マンラーイ王の遺志を継ぐテイローク王は、仏誕二千年記念祭を祝すために、一四五五年頃仏塔の建設に着手した。タイにおいてボドガヤの聖地を再現させようとしたのだ。釈尊にもつ熱烈な信仰と帰依がこの国を豊かに栄えさせた。私は歴代の王の上に敬虔な仏教徒の姿を重ねてみる。隣接国であり、熱烈な仏教国であったビルマの影響を強く受けていても不思議ではない。古い塔の形式もビルマ形式の影響があるのではないかと思う。ビルマに似ることはインドにも似ることになる。美しい菩薩たちの容姿が、南国の官能を湛えていても決して不思議ではなかった。遥かに続く聖地への憧れがこの天女のような菩薩群を生み出す動力ともなったのだから。

この仏塔も菩薩たちも建設当時は白い漆喰で化粧され、彩色され、あるいは金色に光り輝いて、豪華絢爛たる極楽浄土を現出させていたのであろう。建設にたずさわった優秀な工人たちは、どこでどのようにしてこれらの技術を学んだのであろうか。文化の水準が相当に高かったものと思う。この塔は廃墟になっているが、境内には立派な新しい寺があった。供え物を持った参詣者の姿や僧侶の姿もそこに集まる。この国では信仰が確実に生きている。小乗仏教では、金ピカの仏陀が信仰の唯一絶対の対象である。色褪せ威厳のなくなった仏には、ご利益がないと思うのか、寺院の本尊は常に新しく塗りかえられ、彩色され、修理されている。寺に出入りするこの国の人たちは、崩壊しつつある、哀愁を湛えた仏たちには一瞥《いちべつ》も与えはしない。芸術と信仰は別なのだ。

幾星霜、訪ねる人もないままに、その妖しくやさしい微笑を虚空に残して、ひっそりと朽ち果てていく菩薩たちが、再びよみがえるのは何時の日だろうか。

（『日本の石仏』7号、一九七八年九月）

ミス・シリワン

バンコックの街角は乾いていた。雨期ではあるが、さっと通りすぎるスコールでは、またたくまに舗道は白く戻ってしまう。四方から集中するような陽の光、肌を灼く熱気はまさしく南国のものであるのに、紺碧の大空はどこを探しても見当たらない。ずっしりとした不透明な白い空がおおいかぶさり、街は薄い膜におおわれているようで、もどかしい苛立ちを覚える。巨大な熱気のドームに閉ざされているのかと一瞬たじろぐ。そして、五年前も、十年前も、いや、二十年も昔も、このバンコックの街角に立って、不透明な熱気の塊に圧倒されたことを思い出す。

「曹麗霞」と確かな筆順で彼女は自分の姓名を書いてみせた。皆目見当のつかないタイ文字と、英字ばかりをみなれた目に、縦に並んだ三つの漢字は鮮やかに印象づけられた。

「私はミス・シリワンです。これはタイの名、中国名はそう・れいかといいます。両親や家族とチャイナタウンに住んでいます」

彼女は日本語を話す。まだ充分とはいえないが、私たちとの会話にさしたる支障がないのは相当日本語を勉強しているのだろう。時々ことばにつまると英語になる。

私はキチィポンさんという女性を訪ねて、バンコックの目抜き通りにある、外人観光客専門のみやげ物店の重いドアを押した。キチィポンさんが撚糸《よりいと》の勉強で桐生市に滞在していた二年ほど、私は彼女の兄に頼まれて、何かと世話役を引き受けていた。休みになると彼女は私の家に来て泊り、タイ料理を作ったり、日本字を習ったり、生け花の真似をしたり、片言の日本語でお喋りをしたりして過ごした。

母国に帰ると、不思議なことに日本語が急に上手くなり、みちがえるように美しくなって、旅行社のガイドになった。五年前、ドンムアン空港で、流暢な日本語を操り、男たちを指揮している彼女の姿を見た時は仰天した。垢抜けない、目玉のギョロリとした真っ黒な少女は、漆黒の長い髪を輝かせ、キリリとしまった細身の体を敏捷に動かし、知的な瞳をもった近代女性に成長していた。

多感な時代を豊かな日本で過ごした経験は、彼女を充分に解放していたようだし、なかなか生意気にもなっていた。自由や権利というものの表面だけを受け取って帰った彼女は、封建的なタイの家父長制に耐えられず、親元を飛び出した。日本に留学して悪くなった、と兄は嘆いた。

タイの女性は伝統的におおむね男より利口でしっかり者であるため、女が働くことには自由な国である。女性の権利は年々拡張されているのだ。そのうちスーベニアショップを開いたからと日本語の手紙が届いた。いつかバンコックに行く機会があったら訪ねてみようと思っていた。そのミス・キティポンは、あいにく休暇をとって旅行中だということだった。その代わりに、私たちをやさしく応待してくれたのがシリワンさんである。

麗霞という名にふさわしい楚々《そそ》とした容姿で、二十二、三歳に見えるが二十七歳なのだという。化粧していない顔は、白い陶器の肌のようにしっとり沈んでいて、ほんの少し頬に赤味がさしている。色素が薄いのか瞳の色も淡く、色付きのトンボめがねは瞳の弱さをカバーしているのかもしれない。白い四肢はかぼそくて風が吹けば倒れてしまいそうだ。町を行くどの娘も、つややかな黒い肌を陽に晒しているのに、北国育ちのような彼女の容姿は意外だった。

もっとも彼女は、朝十時から夜十一時まで店の中で過ごすのだから陽に当たる間もない。失礼だけれど賃金はどの位？　と尋ねると、恥ずかしそうに二千パーツだと言う。今の日本円に換算すると約一万三千円ほどだ。それもこの店の先輩格としての給料で、見習いでは七千円程度だそうだ。これでもこの国では高い収入ということになる。今の私たちの感覚では考えられない安さだが、一日最低五〇円もあれば食べて生きていける国なのである。物価の桁ちがいが、私たちの感覚を混乱させる。

麗霞さんにチャイナタウンを案内してもらう。とても単独では歩けない、人間のるつぼのような町だ。彼女はスイスイと人ごみを分けて歩いて行く。その背中を見失わないように私も追いかけて歩く。自分の街を歩く彼女は生き生きとして見える。青白い光の下で、宝石の陳列の前に坐っている時よりずっと精彩を放っていた。

車と人がごちゃごちゃ入り混じっている街に得体の知れない臭いが漂っている。何の臭いかと記憶をたぐりよせても見当がつかない。椰子油と肉や魚の汁の臭いが混じり合ったものだとわかるまでに、私は頭痛を起こしてしまった。この地域にたち込めている重い臭い、これこそが民族の生きるエネルギーであるように思った。

麗霞さんは日本に憧れている。お金を貯めて一度行ってみたいという。毎日店にくる日本人から彼女は何を学んでいるのだろう。バンコックの街、いやタイの国中に日本商品は氾濫している。日本なくして生活できぬ国の様相を呈している。日本商品即日本ではないのだけれど、それを彼女に告げることはむずかしい。

（一九九六年）

チェンマイの想い出

古都チェンマイは、玉本事件で一躍有名になったタイ国北部の町の名である。バンコクにつぐ第二の都会といっても人口は十万にも満たない。私がこの町を訪ねたのは三年前の三月であった。バンコクから八〇〇キロも隔っているためか、観光ルートではなく、わざわざ訪ねる人も少なかった。タイにいる友人を訪ねた折には、何とかして一度行ってみたいところだと思っていた。チェンマイ周辺は美人の産地であるということ、日本でいえば奈良のようなところで古いお寺がたくさんあるということ、チェンマイ焼きの竈があること、漆の塗り物が研究されていて日本人の指導者がいるということ、などを読んだり聞いたりしたからである。

タイ国は平地ばかりの国である。町を外れると、見渡す限りの視野に山の影はおろか小高い丘の姿さえ眺めることはできない。乾期にある水田はカラカラに大きくひび割れ、その鉛色の大地が視界のすべてである。高いヤシの木に囲まれた民家がポツンポツンと置き捨てられたようである。全く無表情である。この水田が、雨期になれば満々と水をたたえ、真っ青に稲の苗で埋められるのだときいても、狭い日本の段々畑を見なれている眼には想像がつきにくい。

　その平原の真ん中を一本の幹線道路が真っ直ぐに、行けども行けども真っ直ぐに、交差点も信号もなく、全く信じ難い真っ直ぐさで進んでいる。途中いくつかのひなびた町を通ってゆく。いいようもなく懐かしい感じがするのは、これらの町々がどこかで見た風景のような錯覚を起こさせるからである。あまりにも日本的というのだろうか。昔の日本の街道町によく似ていると思う。古い木造の家並み、呆けたような昼下りの集落に食物の匂いが漂い、車を止めて一休みすると一世紀前につれ戻された気がする。この一本の道の突き当たりのところに、そして道の行く手に小高い山の形が霞んだように現れるところにチェンマイの町があった。二六〇〇メートルの山の向うはラオスがありビルマである。カレン族とかメオ族とかの少数民族が住んでいる山岳地帯が国境を作っている。

　チェンマイには、バンコクやその周辺のメナム下流の混濁したにぎやかさとは全く異質な、山の地方らしい落ちつきと静けさがあった。十四世紀に王国が建設されて栄えた歴史をもっている町だが、城壁はわずかに崩れかけて残り、その崩れた土塁の雑草の間に夕べの陽が落ちこむように姿を消す瞬間をしばらくたたずんで眺めていた。この町についた最初の印象が、廃墟の美しさであったのは夕暮れのせいかもしれない。

思ったより町は明るくゆったりとしていた。町角のどこにたたずんでも、ひっそりとした空気が流れているように思えた。もちろん、強烈な陽射しは南国だからどこも同じであったが、大きな葉を広げる樹々に囲まれた、チークや他の良質の木材をふんだんに使ったがっちりした二階建ての家々の渋い清潔な色彩が、めくるめく光線を吸いとってしまうかのように全くさわやかであった。

町には数え切れないほど古寺があった。それらはもはや廃墟と化していた。煉瓦積みの塔が崩れ、雑草がはびこり、その壁面に浮彫りにされた美しい肢態の仏たちが浮かべる微笑は妖《あや》しいまでに美しかった。その表情からは聖地インドの美術の流れを感じさせた。訪ねる人もないままに、ひっそりと朽ち果てていくさまは哀しいとしか言いようがない。それにしても、よき時代の建築と美術の美しさは、現代の金ピカ寺院と何と対照的なものであろう。しかしこの国では宗教は生きている。

信仰は生きているのだ。私たち日本人は信仰というより、宗教美術を大切にする国とは本質的にちがうもののあることを感じる。廃墟と化した塔も壁面の仏も、彼等の信仰の対象ではあり得ない。同じ境内に木造の堂があり、黄金や彩色の大きな仏陀が安置され、その前で人々は熱心な祈りを捧げていた。時折、黄衣の僧が出入りするのを見かけた。ひき締まった黒い肌、艶やかなその腕に黄衣をまとった若い僧とすれちがった時、ふっと少年のもつエロティシズムを感じたのは私ばかりだろうか。

玉本事件が新聞をにぎわせ、私が興味をもって読んだのもチェンマイの町の印象の深さと懐かしさからであった。二十人もの妻を持ち優雅な生活を送っていたという主人公、だれはばからず「千年分も楽しかった」と言う述懐が妙に実感を伴って印象に残った。ハレムなどと言われたが、ハレムから連想される絢爛《けんらん》さや淫《みだ》らさをもったふんいきや建物などこの町では皆目見当たらない。しかし私は思い出す。化粧のない若い女性の健康な美しさ、明るい顔立ち、身を包むこの国の普段着の女らしさ、素直な態度、信仰をもっているつつましさ、ゆったりとした家屋のガランとした簡潔さ、たわわに実った果実、家畜と子供の声、そよぐ風、それらのものに囲まれて魂の平安を得ない人はいるだろうかと――。

（一九八〇年）

癩王《らいおう》のテラス

三島由紀夫作の戯曲「癩王のテラス」の再演を日生劇場で見る機会を得た。主演の北大路欣也は、なるほど原作者のイメージにぴったりなのかとその役者の魅力も大きかったが、かつて心躍らせて訪れたアンコール遺跡の、なかでも伝説的な「癩王のテラス」をどのように演出するのか、舞台装置はどうなっているのかに興味を感じたのである。見終わってから私は妙に腹立たしい、白々しい気分に陥り、見なければよかったという後悔がじわじわと胸を浸し始めた。出演者の演技はそれぞれに見事であったと思うし、原作の台詞は忠実に表現されたし、悲劇の王ジャヤ・バルマン七世に託した作者の思想も一応わかる気がしたのである。にもかかわらずこの失望は何だろうかと考え続けた。

一九六九年の春、焼けつくような南国の陽の下に、今なお古代の眠りをむさぼるアンコール遺跡の廃墟に私は立っていた。カンボジアの首都プノンペンからシェムリアップへ近付く飛行機の上から、私は巨大な樹海の中心に幾何学的な整然たる構図をもって忽然と浮かび上がる幻の寺院アンコール・ワットを垣間見た。心臓がドキンと音を立てた。アンドレ・マルロォの「王道」とピエル・ロティの「アンコール詣で」を読んだ感動から、まだ見ぬ廃都アンコールにあこがれ続けていたのである。

眼の前に灰色の石で築かれた塔が、長い回廊を横に伸ばし、安定した姿で血の色の夕陽を浴びてそそり立っていた。この寺院は珍しく西向きなのである。前面の緑色の壕の幅広い水のきらめき、牧童が水牛の群を追って帰ってゆく牧歌的な風景。ここにいることが夢のようであった。世界の七不思議といわれたアンコールは何百年もの長い歴史を無人の密林深く埋もれさせ、ようやく百年ほど前に偶然フランスの学者によって発見されるまで、死の静寂に眠る石の大殿堂であった。探査が開始され、附近から次々と数十の殿堂の遺跡が樹海の底から発見された。

九世紀から十二世紀末にかけて、クメール王国はこのアジアの地に世界最大の都府を形成し、栄華を誇り、他に比類ないアンコール文明を創り出した。日本人がここを仏教でいう「祇園精舎」だと考え参詣した記録も確かに残っているのである。その輝かしい民族は「癩王」といわれるジャヤ・バルマン七世のバイヨン廟建設を頂点に、一途に衰退の途を辿り、ついにクメール王朝は密林の彼方に埋没してしまったのだ。栄華を誇った王国が何故にアンコールを放棄しなければならなかったのか、忽然と消えるように崩壊してしまったのか、そして延々四百年もの死の眠りがそこを訪れたのか。何と魅力的な謎であろう。大勢の学者に依る研究がなされ多くの学説が立てられている。しかし私はこの目で見たかった。幻想の王都に立って文明を考えてみたかった。日本的感覚から脱出した処で何かを強烈に感じ取りたかった。私たち二人はじっとしていると干乾しになりかねないような暑さの中を一生懸命見学して回った。観光客はあまり見当たらない。アンコール・ワットもトムも、いたたまれないほどこうもりの糞尿の悪臭に満たされていた。時折こうもりの羽ばたきがあり、高い空洞の中に不気味な反響が起こる。参詣らしい現地人と行き交うくらいで堂内はしんしんと静まっている。長い回廊にはおびただしい浮彫りがぎっしりと彫られ、民族の生活のすべてが一目瞭然でわかるその素晴らしさに目を奪われた。舞姫アプサラの美しい肢態と微笑は幾百年を経たものとは思われぬほど美しく妖艶《ようえん》でさえあった。

遺跡のほとんどはスポアンという名の熱帯樹によって荒廃を一層烈しくしていた。まるで大蛇の群が押し寄せたように、その白い樹根はうねうねと石にからみつき、石と石との間に滑り込み、地面から押し上げ、また空中からその手を伸ばし、あらゆる手段で石に密着して生存していた。樹と石の無言の格闘を繰り広げ、石は敗退していた。何という無残な凄惨《せいさん》な戦いであろう。私は息をひそめて立ちつくしていた。幾百万という木霊の声なき声、幾百万という石工の声なき声があたりに充満しているように思え、息苦しさを感じた。「癩王のテラス」からふり仰ぐバイヨン廟の四面塔の巨大な奇怪な面相は、ただただ驚きであった。観世音菩薩の相だというのが定説だが、私は疑問をもって帰った。とても日本的発想や日本の仏教の概念では理解できないのではないかと思った。高い塔の上から侵入者を威圧する如く見下していた。癩王は、このバイヨン廟の建立に国力を費やしたのだという。グロテスクとも見える微笑はいったい何を語りかけているのだろうか。目に触れる物のすべてが強烈な印象で心に残った。実際に見たうえで、なお数々の疑問を抱いて帰ったことは、いつまでも廃墟は私の胸の中で生きることになった。

あのカンボジアでの印象が私の中でまだまだ強烈で鮮明に生き続けていたことが、今度の戯曲を見るうえでの障害になっていることにやっと気がついた。戯曲は作家のイメージによって産み出された文学作品である。現実の再現ではないはずであった。自らの映像を重ねてしまった矛盾に気がつかなかった。私に定着してしまった印象が日本的発想の舞台装置を受け付けないでいたのだ。今はすでに兵火の中に埋没しているかもしれないアンコールの、ふりしきるような蝉の鳴声がふっと耳許できこえるような気がした。

（一九八〇年）

カンボジア再訪――キュー青年のこと

一九九九年十一月、私は三十年ぶりにカンボジア国の土を踏んだ。一九六九年春、熱烈に憧れた末のアンコール詣で以来である。今回もアンコール遺跡群の見学が目的なのだが、長い歳月の流れの中で私はひそかに、細々とこの国とつながっていたある思いがあって、ポチエット空港（現プノンペン国際空港）に降り立つと、懐かしさが胸にせまった。

脳裏に刻まれている風景は、真っ赤な帯を空中に長く延べたように、火炎樹の並木が続き、仏領だった面影の残る瀟洒《しょうしゃ》な街角に、明るい陽がふり注いでいた美しいプノンペンの町。その面影はすでにない。自転車、バイク、車が頻行し、町にはひとが溢れて喧騒の渦、雑然とした埃っぽい町に変貌していた。かつての大ホテルは残骸をさらしたまま改修の兆しもない。しかし町には活気があった。そのエネルギーは、この国が内戦の荒廃からどうにか立ち上がった証のように思える。

次の目的地アンコール遺跡群のあるシェムリアップの印象もすっかり変わっていた。空港は昔の十倍も大きくなって、明るくさわやかな東南アジアの田舎空港に変わっていた。

しかし業務は相変わらず非能率的である。

三十年前、その小さな古い駅舎のような空港の一隅で、私たち夫婦はガイドのキュー青年と固い握手をして別れたのだった。ひんやりと湿った掌の感触ときらきらした黒い瞳を、きのうのことのように思い出す。私の言うひそかなこの国とのつながりは、キュー青年と過ごした短い滞在期間に生じた見えない糸のことなのだ。

彼は、私たちのガイドとしてクメール旅行社から派遣されてきた。はじめて彼に会った時、何と日本の大学生によく似ているのだろうと思った。中肉中背、黒い縁のめがねをかけた青年は、日本製の腕時計をいとおしそうに見つめ、耳にあててニコニコしていた。日本語はたどたどしかったが、英語併用でクメール王国の歴史を説明し、私たちの質問に的確に答えてくれる優秀なガイドだった。当時はまだ日本からの観光客は珍しく、日本に憧れていたキュー青年にとって、私たちとの邂逅《かいこう》は楽しいものだったにちがいない。遺跡の案内はしっかりしていて精力的だった。地雷の心配のない時代だからバンテアイ・スレイにも足を伸ばした。東洋のモナ・リザは今ほど汚れていなかった。

私たちは、アンコール・ワットの壮麗な姿がすぐ目の前にのぞめるテンプルホテルに宿をとった。そこは木造平屋建ての簡素なホテルだが、洗練されたふんいきがあった。ディナーのテーブルにジャスミンの白い小花が散らされ、甘い香りを放っていたことを覚えている。毎晩、庭の一隅で私たちはキュー青年の話をきいた。

彼は自国に誇りをもち、心から国を愛していた。

「クメールの国の将来のこと心配よ」と彼は真剣な面持ちで言った。クメールという発音がクマイともききとれる。

「遺跡の保存も、この国がしっかりしていなければいつか破壊されてしまう」と強い口調になった。日本へ行ってもっと勉強したい、と言うのをきいて、夫は本気でキュー青年を日本へ呼ぶことを考えたのだった。帰国したら必要な手続きをとってあげると約束した時、彼は嬉しそうに白い歯をみせて笑った。死んだ祖母から自分の父親は日本人だときかされたことがある、と言ったが日本に憧れるのは当然なのかもしれなかった。

当時、この国はどこへ行ってもシアヌーク殿下の写真が飾られ、人びとは穏やかな表情でゆったりと暮らしていた。旅人の束の間の印象で言い切ることはできないが、少なくとも平和な国という印象が強かった。その豊かで平和なクメール王国の最後が一九六九年だったのだ。良い時に旅ができたことに感謝している。

七〇年、政権はロン・ノルに代わり、七五年にはクメール・ルージュのポル・ポト政権にと、目まぐるしくこの国は変革した。

キュー青年と空港で別れてから、二、三度手紙の往復はあったが、年が替わると連絡がとだえた。ポル・ポトの大虐殺が報じられた時、私は真っ先に彼の姿を思いうかべた。あるいは……、無事でいてほしかった。その思いが私をずっとこの国につないでいたのである。私たちとキュー青年との交流は、ほんの一瞬のできごとに等しい。しかしその一瞬がいつまでも輝いていることだってある。輝かしいクメール王国のイメージは忘れ得ぬ思い出なのだ。

プノンペン市内の観光個所のなかに、トオルスレン犯罪博物館というところがある。三十年前そこは平和な高等学校だった。ポル・ポト時代、インテリ階層の刑務所として使われ、ここで殺された人は二万人という。凄惨な拷問と独房、克明に撮影されたすべての囚人の顔写真が張ってある。激しい怒りにふるえて足が釘付けになる。私は写真を次々に見ないではいられなかった。もしかしたらキュー青年がいるかもしれない。三十年たっても死者は昔のままだから。──

狂気にふり回されたこの国の度重なる戦禍と殺戮《さつりく》、遺跡群の人為的破壊、何という不幸だろう。その不幸な命運と厖大な人民の犠牲のうえに、今現在のカンボジア国は存在している。黙々と働く人たちの目は、静かだが暗い翳《かげ》を宿している。私たちのバスの運転手は、一家全員が殺され一人だけ残ったのだときいた。地雷で手足を失くした人も多い。そんな人がたくさんいる。その心身の傷は癒しようがあるのだろうか。何とも悲しい国になってしまって、私は再訪を悔やんだ。

千年の星霜をもちこたえてきた遺跡群は、やはり素晴らしいのひとことである。人為的な崩壊より自然破壊の方が目につく。特に榕樹《フロマージュ》の破壊力のすさまじさには息をのむ。巨大なヤマタノオロチがあちこちに出現して、獲物をのみこもうとしているかのようだ。そのうえ、酸性雨と地衣類による積石の表面の腐食がひどい。美しい彫像の顔も姿態もじわじわと病菌に侵されているように見える。

崩壊のすすむ遺跡のなかに警察官がたむろして、観光客に声をかける。「ポリスのバッジ五ドルでどうか、制服は五〇ドルだよ」。庶民の生活があまりに貧しいからこんなことになるのだという。何を見ても本当に貧しい国。栄光のクメール王国の末裔はそれでも柔順に生きている。

復興の兆しが高まっているとはいえ、それはすべて外国資本によるもの。タイ、ベトナム、中国が虎視眈々と狙っているのがよくわかる。かつて私たちが泊まったホテルはすでになく、跡に焼肉レストランが建っていた。みやげ物店が軒を並べ、ネオンがまたたき、ワットの周辺は昔日の俤《おもかげ》などない。百年前、密林から忽然と現れた壮大なクメール遺跡は、今、多国籍の金儲けの標的になりつつあるのではなかろうか。三十年の歳月の苛酷さを思い、キュー青年が言った「この国がしっかりしなければ」のことばを思い出す。

（「青渕」618号、二〇〇〇年九月）

ヒンドゥー教の性器崇拝と石造物——東南アジアを歩いて

一九六九年、私は憧れの地、カンボジアのアンコール遺跡に立った。

密林の奥深く、何世紀もの間埋没していた巨大な王国アンコールの、壮大華麗な石の殿堂は私にとって衝撃的なものだった。そこで目にした無数の石の神々、石の仏、石の祠堂《しどう》、伽藍、またその壁面を埋めつくす異形のレリーフ……。すべて私がはじめて触れたヒンドゥー世界であった。なかでもヒンドゥーの最高神シヴァを象徴するというリンガ（男根）に目をみはった。祠堂の中心に置かれたリンガは、上から下まで同じ太さの円柱型で、四角あるいは石臼型の基壇に直立していた。またバンテアイ・スレイ（ヒンドゥー寺院）の参道には、やや四角ばったリンガが、列柱のようにつらなって立っていたし、プノンペンの博物館にもヒンドゥーの神像とともに、巨大なリンガが完全な形を保って展観されていた。

いったいこれは何なのだろう？　という素朴な疑問。日本で見る金精様のたぐいのいわゆる性神とは、およそふんいきのちがうリンガに触れて、私はヒンドゥー教の世界に興味をもったのだった。あの時、つまり端正で力強いリンガの造型と対峙した時、私は美しいと感じたし、よくはわからないが、深遠な哲学の具象化、といったものをある畏れとともに強く感じた。

九世紀から十三世紀にかけてアンコールを支配していた思想ないし宗教は、ヒンドゥー教と大乗仏教であり、ともに古代インド文化の影響を強く受けている。インド発生のヒンドゥー教がわからなくては所詮仏教もわからないだろうと、その後も関係の書物を読み続け、また東南アジアの国々にも足を運んではいるけれど、ヒンドゥー教と仏教の複雑に錯綜した宗教造型はあまりにも多様で、その世界の広さに嘆息がでるばかりだ。

しかし、ささやかな旅の経験から、いくつかのリンガと性器崇拝に関わる石造物を紹介して、日本の性神を考える手がかりにしてみたい。

東部ジャワの遺蹟を訪ねた折、チャンディ（神仏を祀る宗教建造物、古社寺のこと）の主房の中心に、四角い台座のような形状をしたものの上に、円柱状の丈高いリンガが安置されているのをしばしば目にした。これはシヴァ神を祀るヒンドゥー寺院の特徴である。どこのチャンディも礼拝供養の対象物を安置する内部空間は、意外に狭く、また光線の入りを少なくして暗くなっており、神秘的ふんいきが醸成されている。

かつてどのような形で礼拝されたものかわからないが、現在インドネシアの国教は回教でありヒンドゥー教徒はいない。これらのチャンディはすでに遺蹟となって清潔に管理されていた。礼拝するもののない祠堂のなかで、重厚なバランスをもつリンガの造型には、どこか漠とした乾いた明るさが感じられる。

ところでリンガの台座になっているのは女性の器官であるヨニである。ふつう、方形断面、中央部を八角あるいは四角のリンガを受け入れるための孔があけられている。また側面には、リンガに注がれる水や牛乳がヨニを満たし、流れ落ちるための溝状の排水口がついている。この形状は神像の台座と同じものなのだが、それがリンガをのせている場合に限ってヨニと呼ばれるということだ。

ヨニは子宮であり、女性の生殖器であることから事物の起源の表象として、リンガと一対のものとして祀られる。ジャワでは四角いものが多いが、卵形状のものは解剖学的にみたウテルス（子宮）とヴァギナ（膣）の型態ではないだろうか。台座の中央にリンガが押しこまれた造型、これは母の母胎から眺める交合風景の造型と考えられてもいる。

ヒンドゥーではリンガは象徴化された男性性器＝垂直原理、ヨニは象徴化された女性性器＝水平原理で、両者交合の姿を宇宙的交合、つまり天と地の合一を重ね合せて崇拝対象としている。これが農耕社会の豊穣と生産に結びつくのは当然のことだろう。

ヒンドゥーの信者たちは、リンガの頂上に花を供え、ミルクや水を注ぎ礼拝するのだが、ジャワ島でその姿は見られなかった。しかしインドネシア唯一のヒンドゥー教圏バリ島には、バリ・ヒンドゥーと呼ばれるヒンドゥー教徒が多く、リンガを祀ってあるプーラ（寺院）があった。

ヒンドゥーでは、リンガ・ヨニに注がれる聖水はヨニを満たし、しだいに集まって聖なる河ガンジスの流れに合一すると信じられているため、流れ口からしたたり落ちる聖水を、手足や額にふりかけ、また薬と考えたりするという。ネパール人の話では、シヴァ神を礼拝するのは夫婦和合と子宝に恵まれるためということだった。

ネパールは大多数がヒンドゥー教徒であるため、どこへいってもシヴァ＝リンガが祀られているのを見た。それも篤い信仰に支えられているので、路傍の小さなリンガにもティカ（赤い粉）が塗られ、花が供えられ、水が注がれている。シヴァ神の乗物であるナンディ（牛）がかしずくようにリンガを見守っている姿は愛らしい。

カトマンズのパシュパティナート寺院はもっとも聖なる寺院の一つで、インドからもヒンドゥー教の巡礼者が絶えないところ。シヴァ神に捧げられた寺院は壮麗なたたずまいだ。パグマティ河に沿ってシヴァ神を祀る祠堂がずらりと並び立つ。祠堂内には四角い基壇上

に排水溝のついた円型ヨニ、その上にリンガが立っている。ヨニをぐるりと取り巻くのはナーガ（蛇）で、ネパールの彫刻にはナーガの装飾が多い。リンガは信者の捧げるティカで赤く光っている。祠堂を出れば白壁を彫り窪めたところにシヴァ神像がずらりと立ち並ぶ。シヴァ神は裸体でリンガを屹立させ、たじろぎもせず南国の陽射しの中に直立している。たとえこの像が裸像とは知らずに対面したとしても、猥褻《わいせつ》だとか滑稽だとかいう感情は起きないだろう。それほど威厳に満ちているというか、造像の巧みさが超越した何かを感じさせている。
パターン市にあるクンブスワールは、シヴァ神を

祀るヒンドゥー寺院。そこの境内にあるリンガは、シヴァ神の顔を四面に浮彫りしたもので、ヒンドゥー神らしいインド的彫刻だ。神像を彫刻した形状のものは一般にムカ・リンガ（顔をもったリンガ）と呼ばれ、浮彫りされる神像頭部の数は一個の場合や、三、四、五個の場合がある。カルカッタのインド博物館で見たものは、垂直の一面と三面の十一世紀のものであったが、古くは五世紀頃に作られているらしい。

リンガから受ける感じとやや異なり、装飾のある方が礼拝しやすいように感じられたが、もっともこれは部外者の無責任な感想である。

四面に仏像を彫刻したリンガが、カトマンズのスワヤンブナートの境内にある。ここはラマ紅教の寺院で目玉塔と呼ばれる有名なところ。たくさんのストゥーパが林立しているなかにある数基で、仏教寺院にあるからリンガではなくストゥーパだと思うが、あきらかにリンガ・ヨニの造型である。仏教と習合するとリンガに仏像が彫刻されて新しい形に変化してゆく。ネパールはヒンドゥー教のほかラマ教（チベット仏教）、ネワール仏教、土俗信仰が複雑に絡み合っており、それらの共同母胎はインドにあるので、リンガ・ヨニの造型がそれぞれ影響し合って、多様な宗教造型を作り出しているのはしごく当然といえるだろう。宇宙原理とされるこの造型は、時代とともに複雑に融合、変化しながら、建築や彫刻の造型に執拗なほど繰り返される。そのエネルギーには驚嘆する。

なぜリンガが神格化され、崇拝されるようになったのか大いに疑問が起こるところだ。それについてインド神話は次のように語っている。

「ヴィシュヌ神が混沌の海を漂っている時、ブラフマー神が現れ、互いに自分こそ世界の創造者であると主張して口論を始めた。その時天閃光を発して巨大なリンガが出現した。炎のリンガは柱のようで、その頂きは天の奥まで聳えて見えず、根も水中深く没している。二神は相談のうえ、このリンガの果てを見届けるため空中と水中に向かうが、あまりにも巨大なため無駄に終わった。二神は自分たちよりずっと偉大な存在者に気づき、讃歌を唱える。すると千手千足、三眼で三叉戟《さんさげき》を持つシヴァ神が巨大なリンガから現れた。シヴァは二神に向かってブラフマーは自分の右の腰から、ヴィシュヌは左の腰から生じたもので、本来三神は同一の存在だと説く。この時からリンガは広く人々に崇拝されるようになった。——」と。

ヒンドゥーの二大神、シヴァとヴィシュヌはそれぞれ尊崇する二派に分かれている。この神話はもちろんシヴァ神派のもので、これがシヴァ信仰最大の特徴であるリンガの崇拝へとつながる。リンガは石造の巨大なものから持ち歩くための小さなものまであって、カトマンズのヒンドゥー教徒の家の礼拝場所に、掌の上に乗る小さなリンガが祀られているのを見たことがある。

ところで、ヴィシュヌ派になると、リンガ崇拝はちがった解釈がされている。

「三神のなかでだれが最も偉大な存在かを判定するため、聖仙の一人が三神を訪ねて回る。シヴァを訪ねた時、シヴァは、ちょうど妻のパールバティと性行為の真最中だった。聖人は外で終わるのを待っていたが、何百年たっても果てしなく続けているのに呆れかえり、この神は暗闇の中で、性器の形で礼拝されるようになるだろう、と言って立ち去った。——」

この神話は、リンガが暗い石龕《せきがん》の中で祀られることを意味しているのだろうし、それはヴィシュヌ派の皮肉とも受けとれる。しかし現世利益の信仰からみたら、説得力は大であるだろう。

シヴァは出現の瞬間からすでに垂直の巨大な炎で、垂直世界をイメージし、ヴィシュヌは水平に広がり水をたたえる水平世界をイメージする。シヴァは火であり、ヴィシュヌは水――農耕社会の豊穣を支える火と水の合体が、リンガ・ヨニの象徴でありヒンドゥーの世界観なのだ。このような性器に対する信仰は、ヒンドゥー以前のインドにおいても古くからあったといわれているが、元来インド土着の人々がもっていた信仰を、ヒンドゥーのシヴァ神が吸収していったようである。

ヒンドゥーでは性器崇拝はリンガとともに、ヨニ・ツントルム（陰門崇拝）がさかんだった。シャクティ（性力）を崇拝するシャクティ派信者は女神のバルバ（陰門）を礼拝する。シャクティは「性力」と訳されるが、簡単に言うと神の内部の神聖なるエネルギーのことで、それは女性の姿で顕現すると考えられた。神妃のことをシャクティとも言い、それは当然女神崇拝となる。シヴァの神妃パールバティ、ウマー、ドゥルガー、カーリー、バイラヴィ、サティなどの信仰がそれである。

礼拝用に使われたバルバの絵画、木彫のイコン、石造のイコンの写真が、フィリップ・ローソンの「TANTRA」にあった。ネパールのカトマンズでは、寺院の軒の方丈に彫刻された女神のバルバをしばしば見かけた。一瞬ぎょっとする図柄である。出産という生命の誕生をもたらすバルバはいわば生命の根源、したがってバルバを神聖視し、崇拝している。

「インドでは神妃の象徴であるバルバを祭壇に飾り、時としてそれにシヴァのリンガを併置してマイタウナ（媾合《こうごう》）の祭儀が行なわれた」。これは宗谷真爾氏の著作『アンコール史跡考』のなかに書かれていた一節なのだが、これを読んで思い当ったことがある。長いこと疑問になっていた、中部ジャワのチャンディ・スクウにあるリンガ・ヨニの石造彫刻のことだ。

このチャンディは海抜九〇〇メートルの山の斜面にある。ピラミッド型の遺跡で、きわめてユニークな造型が遺されていることで知られている。チャンディの入口アーチの内側の床に、リンガとヨニが向かい合っている。リンガが上方、ヨニが下方に位置し、バルバははっきり赤く塗られ、まさに媾合の図である。何のためにこのような一対が置かれているのか不思議だった。英文の解説書には簡単に「ここは子孫繁栄のための儀式の場でありました。これは神聖なる信念に基づいたものです。このレリーフを通り抜ける時、貞淑でない女性の服は必ず破れるか、ゆるんでしまうという言い伝えが今日まで残っています」とあった。ということはこのリンガ・ヨニを祭壇に、マイタウナの祭儀が行なわれたと考えてもいいのではないのだろうか。

この入口を登ると、石段の左側に大きな変わった石碑が見える。馬蹄形で左右に鹿の頭がついている。上部に奇怪な人物が二人、その下に女と子供、またその下に赤ん坊を盗んでいるように見える二つの姿。まるで判じ物みたいな構図でさっぱりわからない。解説書には、上部の人物は天界の王シヴァとビマと書いてある。たぶんこれらは何かのセレモニーに関わることで、それは一人っ子の不幸を防ぐためのものらしい。どう見ても子宮のイメージであるから、出産に関わる説話か信仰なのかもしれない。

右の石段の上には巨大なリンガを開陳してしゃがんでいる人物がいたり、そこここにガルーダや亀や得体のしれない神像などの石像がある。またジャワ・ヒンドゥーの説話（スダマラ物語）が彫刻されたレリーフがたくさんあって、内容はわからないながら、かつての壮大な寺院の景観を想い起こさせる。どれも怪奇的な独得な表現で、インドのヒンドゥー美術の影響を受けているとは思えない。人物にしてもインドネシアのワヤン（影絵芝居）によく似ている。ここはヒンドゥー・ジャワ文化が終末をつげる十四世紀末から十五世紀初めにかけて建築されたチャンディだということなので、インド化以前の土着固有の信仰と、ヒンドゥー文化との混淆が考えられている。その土着信仰は強烈な先祖崇拝であったという。チャンディ・スクウが、人と神との交流をなすもっとも聖なる場所として存在したことは想像に難くない。

東南アジアのヒンドゥーの国々を歩いて感じたことは、広大でかつ複雑多様な相をもつヒンドゥーの世界に、それぞれの民族の固有の信仰が混じり合い、融け合いながらも、独自な発展をとげていることだった。

ヒンドゥーの性器崇拝の原理にしても、また宗教石造物の造型にしても、歴史を背負った民族の深い知恵と情熱があってこそのものと思う。日本の性神もヒンドゥーイズムの系譜に入っているのではないかと私は思うが、いかがなものだろうか。

(『日本の石仏』45号、一九八八年三月)

◆ネパール・ブータン・インド・バングラデシュ・パキスタン

信仰のまち・カトマンズ

旅にあると目ざとくなっているせいか、暗いうちから目がさめてしまう。ホテルはカトマンズの目抜き通りに面しているが、明け方の街路は意外に静かである。たいていの都市に、早朝から疾走する車の音や、クラクションの響きなどがあるものだけれど、この首都には自動車が少ないせいか車の音はきこえない。

暗闇で耳をすませていると、何となく人の動く気配が感じられた。カーテンの隙間から外をのぞくと、昨夜は大勢の人がひしめいていた商店街はガランとしていて、老人が二人、箒《ほうき》を持って黙々と舗道を掃いていた。

交差点の角の黒い空間に、ろうそくの灯が一つ、二つ、三つ、ゆらゆら揺れているのに気がついた。そのほのかな明るみのなかに、腰を曲げたり、伸ばしたりしているサリー姿の女性が見える。若い人のようだが何かに向かって丁寧な礼拝を繰り返している。時折、カーン、カーンと鐘の音が響いてくるので、そこはヒンドゥー教の寺院にちがいない。サリーの女性が去るとろうそくの前に体格のよい男が蹲《うずくま》った。時計を見るとまだ午前四時だというのに、なんと早いお詣りなのだろう。あたりがだんだん明るくなるにしたがって、お詣りの人は切れ目なく増えてくる。私は眺めるのを止めてその寺へ向かった。

お寺の境内はとても狭かった。境内の真ん中に祠堂があり、そこには石に彫刻された神が祀ってある。ちょうど日本でよく見かける舟形光背に浮彫りされた石仏と同じ形、同じ大きさである。信徒の捧げる朱色の礼拝用粉末（ティカというもの）で、毒々しい色に染まった石像は、どんな姿、形やお顔をもっているのか、ちょっとのぞいたくらいでは判別できなくなっている。ビタビタと血塗られたような石像の小さな窪みには、お供えのマリーゴールドの花弁が押しこまれ、赤と黄に彩られたヒンドゥーの神々は、お世辞にも美しいとは思えない。真っ赤に濡れて像容のとろんとした神さまほど庶民の信仰を集めているのだろう。

ヒンドゥー教徒は裸足で神前に歩みより、その前に額《ぬか》ずき、神の足元に自分の額を押しつける。ティカは神の足から信徒の額に、これが神の祝福の印だとか。町を行く人の額の真ん中に赤いほおずきの汁のようなものがついていれば、それは礼拝をすませた敬虔なヒンドゥー教徒である。ティカがきちんと額の真ん中につくよう、大小の寺院の拝殿の上部とか、両脇には決まって鏡が取りつけられている。何のためなのか、はじめは礼拝の時に身づくろいをし、髪の手入れなどをするのかと思っていたが、これは勘ちがいだった。ティカのため、ときいて額の印の重大さに驚く。

祠堂に鎮座するご本尊のほかにも境内にはいろいろな神々が祀られている。もちろん石像だが、神名など正確にはわからない。この点、日本の庶民信仰ともよく似ている。信徒はそれぞれを礼拝し、境内を一巡して帰ってゆく。これがヒンドゥー教徒の朝の日課のようである。

「オハヨウゴザイマス」。きれいな日本語を話す青年が声をかけてきた。ネパールにいる日本人に教わったという。彼の話では、ネパール人は、朝、お寺にお詣りしてから勤めに行くのが普通なのだそうだ。パシュパティナートというヒンドゥー教の本山には、朝二時半頃から何キロもの道のりを歩いて参詣に来るという。ところでこのお寺の神様は？ ときくと、ご本尊はガネーシャだが、あとのはよくわからない、とその青年は笑って答えた。

カトマンズの町を歩いていると、いたるところで路傍の石神に出会う。これも日本の路

傍の石仏と同じようだ。小さな石の祠《ほこら》に小さな石像が祀られ、それらは例外なく表面が真っ赤に塗りつぶされている。それはヒンドゥー教の最高神であるシヴァ神であるのか、ヴィシュヌ神であるのか、福徳の神ガネーシャなのか、礼拝している人たちにも本当のことはわからないのではないかと思われる。供え物の花と香（線香ではない）が放つ、すえたような異臭があたりに漂い、痩せた犬がそのなかに鼻面をつっこんでいる。そこここから出てきたらしい主婦や老人が、蹲《うずくま》って祈っている姿を度々見かけた。

聖なる川バグマティ川の川べりに立つ壮麗な寺院、パシュパティナートでも一人の老人を見た。たまたまのことだが、朝、川で沐浴をし、砂で神を築き、それに赤い粉、花、米を捧げ、灯明を焚き、何回も真言を唱えている。その仕種《しぐさ》はいかにも没我的で、それだけに神と対峙している人という印象が強かった。

濁ってはいるが、水量の豊かな聖なる川は、流れ流れてインドのガンジス川に行きつくという。流れの彼方インドの河畔でも、この老人のように孤独な背をみせて祈る姿があるのだろう。

ネパール国の国教はヒンドゥー教である。国民の大半が多種多様な神をもつヒンドゥー教徒ではあるけれど、この国にはネパールの原住民であるネワール族の信仰するネワール仏教も、チベット仏教も存在し、そのうえさらに、このカトマンズ盆地の人々がもち続けてきた呪術的な土俗信仰も加味されている。ネパールの宗教を判然と区別することは不可能に近い。

三つの宗教がそれぞれの根を自分のなかにもちながら、それらは互いに影響し合い、なれ合い、混じり合って、よそから見た限りでは同族の顔を見るようである。

この盆地の複合文化の魅力は宗教に深く根ざしたものなのだろうが、神への祈りに明け、祈りに暮れ、一年中どこかで何かの祭りが行なわれるというこの国の人々の、神を畏れる心のやさしさが作りだしたあたたかさ、といえないだろうか。カトマンズ盆地は、〝時〟

が〝人〟を封じこめたまま、中世で止まってしまった――。そんな幻想が脳裏をよぎる。三度目の訪問でも同じように。

（『海の宮』3号、二〇一一年六月）

カトマンズ盆地の石神・石仏——路傍に見る篤い信仰

ネパール王国の首都、カトマンズに一歩足を踏みいれた私は、一瞬、わが身が金縛りにあったのではないかと疑ったほど、硬直した心身で立ちどまっていた。今まで感じたことのないこの感覚にはなぜだかわからないが、この国のもつどこか濃密なふんいきのとりこになりそうな予感があった。

三十年も昔、はじめての上州路で出会った小さな双体道祖神がきっかけで、石仏の魅力にとりつかれた私は、あの時のやさしい、懐かしい感覚を今でも思い起こすことができるのだが、あの時の感覚とはまるでちがう。もっと強烈な、粘っこい人間の業のようなものが放つ異臭——とでもいうのだろうか、この国の石神・石仏は魅力というより魔力ではないか、というおののきを感じたのだった。

そしてそれは、有名、無名のヒンドゥー教寺院や仏教寺院を訪れ、路傍の祠の前にひざまずき、町を歩き、露地裏をのぞきこみ、ここに生きるネパールの人たちの生活に触れていくたびに、否定しがたいものになっていった。

目をはるかな北の空に移せば、ヒマラヤの連峰が、中空を横に伸びる真っ白に輝く紐のように眺められ、その下に緑濃い大地が陰影をつけてのびやかに拡がっている。まことに雄大なそして平和な眺望だった。その雄大な自然の掌のなかにすっぽりと包みこまれるようにして、王朝文化を誇ったカトマンズの街並みは、セピア色に染まって息づいていた。

レンガ造りの家屋が続く間、間に、日本の寺院の塔を思わせる二層、三層、あるいは五層と、急勾配の屋根を重ねたネパール寺院が林立して見える。町なかの朽ちかけた寺院の建物も復旧される様子もなく、そこに物売りが雑然と店を並べ、な

かには二階は寺院、下は店舗というところもある。広場に立つ見事な石神像の足元にも野菜が並べられているという具合で、埃っぽい狭い道に人は溢れ、そして活気に満ちている。はじめて王宮広場を中心とするカトマンズの風景に触れた人は、中世の映画のセットに突

然放りこまれたような錯覚をもつのではないだろうか（しかし現地の人は、驚くほどのスピードでカトマンズは変貌していると言っている）。

町全体が彫刻作品、という印象を強くもった。それは私がかつて訪ねた東南アジアのどの国にもなかったものだった。王宮、僧院、寺院、家屋、どれをとっても、木彫にしろ、石彫にせよ、精緻で美しい彫刻で埋めつくされている。ネパール暦二〇四三年というこの国の歴史は、幾度もの興亡を繰り返しているが、王朝文化の華麗さを今も色濃く留めているといえるだろう。

中世の街並みをそのまま残しているカトマンズの町は、至るところで路傍の石像に出会う。おそらく悉皆《しっかい》調査などということを政府がやっているようでもないので、その数を把握することはできないが、手のつけようがないという数字ではなかろうか。例えば、町の共同井戸の蛇口の上にも、小さな仏陀が坐っておられるし、こんなところにと思う建物の隅の小さな空間にも、石像が彫りこまれているのだから——。

大小の石の祠堂に入っているものもあれば、日本の野の仏と同じように、路上に数体が並んでいたり、大きな菩提樹の根方に寄り集まっていたりする。石の祠堂にはかならず浮彫りの石像が祀られていて、花をあげ、香をたき、供え物をする習慣は、日本の民間信仰ともよく似ている。しかし、祈りを捧げる石像は、例外なく表面が真っ赤に塗りつぶされていて、何の神なのか、仏なのか、どんな像容なのか、さっぱりわからない。通りすぎる旅行者にわかるほどのものは、大きな寺院の大きな仏像ぐらいのものだ。

ビタビタと真っ赤に濡れて、像容のとろんとした石像ほど庶民の信仰を集めている証なのだろう（ここでも日本のみそなめ地蔵とか、塩地蔵などの変形した姿が思い出された）。

何といっても庶民信仰のナンバーワンは、ガネーシャ神である。ガネーシャはヒンドゥーの最高神であるシヴァ神の息子で（ネパール名はビナヤク）、象頭人身に作られ、福徳の神、成功の神としての信仰が篤い。何でも物事を始める時に（たとえば仕事、商売、建築など）、悪いことが起こらないようにプージャー（供養）するという。大きな寺院へ行ってプージャーする方が良いが、なければ近くのガネーシャにお参りする。私の見たガネーシャの一つは、象頭、六臂、左手に米を満たした鉢を持ち、太鼓腹をしている。富めるイメージにぴったりなのだろうか。ガネーシャの乗物であるモル（地ねずみ）が台座に彫刻されている。光背はナーガ（蛇）でできたなかなか立派なガネーシャだ。

次にカーリー女神があげられる。この肌黒い女神は後にシヴァの神妃となるが、血を好むのでいけにえを捧げなくてはならない。病気、悪魔払いに効き目があって、直ったらかならずお礼に行かなくてはならないそうだ。カトマンズの南方二〇キロのダクシンカリにあるカーリー寺院は、プージャーの人でいつも賑わっている。もともと黒い石像がティカで真っ赤になっているため、写真に撮るのは困難である。像容はまことに凄惨そのもので、右第一手に血塗られた剱、第二手に三叉戟、左第一手は生首をひっさげ、その生首から流れ落ちる血を受ける頭蓋骨を第二手が持っている。首にはどくろの首飾り、切り取った手を並べてスカートに、口からは長く赤い舌を出して、眠っている夫シヴァの胸の上に立っている、破壊・戦いの神である。この女神にすがりたい人の気持ちがわかるような気がする。

願いごとがお金の場合はラクシュミーにプージャーする。ラクシュミーはヴィシュヌの神妃で、仏像では吉祥天になっている。石像より寺院の柱に彫られた木像が多く、また大変美しい女神である。

仏教系の信仰ではやはり観音菩薩（ネパール名パドマパーニ）に一番人気がある。カトマンズ市内カテシンブーにある観音像は均整のとれた美しい石像で、他のヒンドゥーの神像に向き合うより心がなごんでくるのは不思議だ。日本でも見なれた仏像だからなのであろうか。宝冠はヴィシュヌ型だが、真ん中に阿弥陀仏を備えている。上半身はほとんど裸に近く、首飾りをつけ、右手を長く垂下して与願印《よがんいん》を結ぶ。左手もまた腰のあたりまで垂れて蓮華の茎をまきつけるように持ち、開敷華《かいふげ》は顔の左に大きく開く。顔容はおだやかな伏目で美しい。足の両横にひざまずいて合掌する女神像が描かれている。蓮華座に乗っているが、基壇はヒンドゥーのヨニ型であるのを見ると、ここにも仏教とヒンドゥー教の習合があるのだろう。造立は七世紀頃といわれている。

カトマンズに隣接したパターン市のマハボウダ（万仏寺）で美しい弁財天を見た。この寺院は仏教寺院で、境内にある仏塔の龕《がん》のなかに彫られている。四面にそれぞれ石像が祀られているが、尊名はわからない。もともとヒンドゥーの河の神サラスバティだが、ここでは福徳、学芸の仏となっているらしい。おだやかな顔容で四臂、両足をゆったりと開き、二臂で楽器を奏でる姿は美しい女性を見るようだ。日本で見る蛇や鳥居をつけた弁天はあくまでも日本の創作だということがわかる。ティカを塗られていることが、かえってこの仏を美しく見せている。

ネワール仏教徒が信仰するアジマの石祠もよく見かけた。アジマは大母神といわれ、天然痘よけの神で、その信仰は特に篤い。像容は乳房を漲らせた騎坐の女神が、左手に赤児を抱いている姿に作られている。あまり大きな像でないうえに、ティカと供花で隙間なく埋まっていて、像容がはっきり見られないのは残念だ。ネワール人は、天然痘にかかってもこのアジマを頼るだけということだった。私はヒンドゥーのハーリティ（日本では可梨《かり》帝母《ていも》、鬼子母神《きしもじん》）に興味をもっているので、ネパールのアジマをもっと知りたいのだが、文献資料がないようだ。おそらく原型はハーリティではないだろうか。日本語訳にハーリティを、鬼子母の異名をもつとあったが、アジマと音がよく似ていると思う。子安や子育観音像のイメージが重なってくる。

ネパールの実証的歴史は、五世紀中葉リッチャヴィ期から始まったといわれている。その時代の貴重な宗教遺品として、現在カトマンズ郊外チャングナラヤンに、美しいヴィシュヌ神像が遺されている。境内に無造作に置かれてはいるが、どの像も気が遠くなるほどの歳月を感じさせない美しい精巧な石像である。リッチャヴィ王マーナデーバI世はヒンドゥーのなかでもヴィシュヌ派であったらしく、ナラヤン（ネパール名）神像を数多く奉献しているが、そのなかに仏教系様式の三尊形式をとったシュリダーラ像がある。この像によると、この頃から既に仏教とヒンドゥー教の習合、重層信仰が行なわれていたのではないかといわれている。歴代の王たちは、ヒンドゥーであっても伝統的に他宗教、他宗派に対して寛容であり、平等に保護したようで、仏教も早くから普及、定着していたらしい。

現在ネパールの国教はヒンドゥー教であるけれど、チベット仏教であるラマ教も、原住

民であるネワール人のネワール仏教も確実に存在しており、それぞれが篤い信仰に支えられている。そのうえさらに、このカトマンズ盆地の人々がもち続けてきた、呪術的な土俗信仰も根強く残っていて、生活を支配している。

ヒンドゥー教、ラマ教、仏教、この三つの宗教が、それぞれの根を自分のなかにもちながらも、それは互いに影響し合い、馴れ合い、混じり合っていて、ちょっとのぞいたくらいでは区別することなどできないだろう。ネパール人の宗教感覚は実に寛容にできているというほかない。

この盆地のもつ複合文化の魅力は、宗教に深く根差したものと思われるが、私がこの国にもったなぜとも知れぬ怖れは、たぶん、神への祈りに明け、祈りに暮れ、一年中どこかで何かの祭りが行なわれるこの国の人たちの神を畏れる心が醸し出す、濃密な宗教空間ではなかったろうか。

私たち日本人の宗教感覚から、いつのまにかふるい落とされてしまった神への畏れが、この国では心臓の鼓動のように激しく息づき、石の神や仏をしっかりと守っている。

(『日本の石仏』38号、一九八六年六月)

いけにえと女神

カトマンズ市から南へ約二十キロ下ったところに、ヒンドゥー教の最高神であるシヴァ神の神妃、カーリーが祀られているダクシン・カーリー寺院がある。ここは毎週火曜日と土曜日にいけにえが捧げられ、家族づれのヒンドゥー教徒の参詣で賑わうところだ。旅行者の一般観光コースには入っていない。ヨーロッパ系の観光客はよく来るそうだが、日本人はいけにえときいただけで拒否反応を示すという。私たちはどうも血に強くないらしい。

緑豊かな、のどかな農村を通りすぎ、山を一つ越えると奥まった谷あいの一隅に、山を背に、川を前にしたカーリー寺院の全容が見おろせた。素朴な風景の底から強烈な色彩がどっと湧き上がる。

サリー姿やネパール服がごちゃごちゃと入り混じって往来している。谷底へ下る参道には、供え物を売る露天や、みやげ物屋が立ち並んで賑やかだ。参詣者も一日をここでのんびり過ごすらしく、そこここに小さなグループがかたまっている。あたりに嗅ぎなれない匂いが漂っているのを除けば、こののどかさは日本の山あいの村のお祭りに似ている。

十四世紀の建立だというカーリー女神の主堂は、古ぼけていて意外に小さかった。カーリーは、蓮弁形の光背に浮彫りされた一メートルあまりの黒い石像なのだが、例によって信徒の礼拝でビタビタと真っ赤に塗られているため、像容はさっぱりわからない。写真で見るとグロテスクで恐ろしい像容をしているはずなのだが。

堂宇の前は石畳のテラスになっていて鉄柵で仕切られている。この領域へはヒンドゥー教徒でなければ入れない。カーリー像に向かう参道のような形で、黒白のタイルが埋めこまれている。今日はいけにえの日だから血とティカで真っ赤になっている。大きな祭りの時には一日何百頭も山羊や、鶏が殺されるそうだから、テラスは血の海となるのだろう。ヒンドゥー教徒はみな裸足になってカーリーの前にひざまずき、礼拝をする。花を捧げ、ティカを額につけている信徒はあとをたたない。

やせぎすの中年の男が、威厳のある姿勢で聖域に立っている。男の右手にはククリと呼ばれるネパールの刀が握られているので、いけにえの首切り役だ。左手には首のない黒い羽の鳥がだらりとさげられていて、まだ糸のような血が、黒白模様のタイルの上にしたたり落ちている。鳥の頭はつい今しがた切り落とされて、神前に捧げられた。吹き出した血がタイルの上を流れる水にとけこんで、赤い色水を流したようだ。血の水は太い樋に落ちて、ゴボゴボと流れていった。

男はククリを腰におさめると、傍のバケツで手を洗った。私が見た黒い鳥は、いけにえの最後の一羽であったらしい。男の掌がうっすらと赤く染まっているように見えた。

ヒンドゥーの神々のなかで、いけにえをほしがる神は、カーリーとドゥルガーである。どちらもシヴァ神の神妃で女神である。生血が大好きな神のために、そして荒ぶる神の心をなだめ、鎮めて、災いをさけるため、ヒンドゥー教徒は永い間カーリーに血を捧げ、祈り続けてきた。信徒は血を捧げたあと、そのいけにえを夕食のごちそうにするという。山羊などをいけにえにした時は、特別な大ばん振舞いになるらしい。

何の疑問ももたず、ひたすら神の加護を得ようとするヒンドゥー教徒の姿に接していると、「動物愛護の精神」などというものが、ひどく薄っぺらなお題目のように思えてくる。神に捧げたいけにえのお下がりを受け取って、みんなご利益にあずかる、——その行為が、あるいは貧しい庶民が肉を食べる便法であったとしても、彼等は、いヽきヽもヽのと一体になって確実に神と対峙している。私たちは毎日何百頭のいきものを、いかなる祈りもなしに、そしてこともなげに殺しているではないか。この方がよほど神をおそれぬ行為のようにも思われるのだけれど。

いけにえはカーリー寺院のほか、女神ドゥルガーを祀る寺院でも見ることができた。祠堂のまわりをいけにえをひきずって一巡したあとの、血痕がどす黒く地面にしみこんだあとや、いけにえをつないだ柱のまわりの血糊や、あたりに漂う動物特有の生臭さに触れると、やはり私たちには馴染めない感覚だと思う。しかし、私たちが神前に、大根やごぼうや人参、米、魚などを供えるのと同じ感覚で、彼等がいけにえを神に捧げるのだとすれば、いけにえの慣習を、野蛮な行為、残酷な仕打ち、気味の悪い宗教と簡単にきめつけられるものかどうか。そこには民族のもつ血のちがいというものがあるだろうし、また宗教儀礼のなかに、それがおどろおどろしいものであればあるほど、思いもかけぬ人間の本質がひそんでいるようにも思える。

「どうしてカーリーは血が好きなんですかねぇ。旦那のシヴァは血を好まないというのに――」

「シヴァはいけにえほしがらない。奥さんのカーリーだけ人間の血飲むの好き。ヒンドゥーの悪魔退治の神話ではね、シヴァが魔神を切りたおすと、魔神は血の一滴一滴が無限に生まれかわる神通力をもっているので、なかなか退治できない。それでカーリーが魔神の血汐を飲みほして勝利に導いた、というの。人間の血をあげるわけにはいかないから、それで動物をいけにえにしているの。大昔は人間もいけにえになったらしいよ……」

ネパール人のガイド、スベリさんは達者な日本語で説明してくれた。大変な物識りで、たいていの質問には答えてくれる。

敬虔なヒンドゥー教徒であるスベリさんは、魔神の生首をひっさげ、頭蓋骨を首飾りにした真っ赤なカーリー女神の前で、にこにこと笑っている。

（『海の宮』5号、二〇一二年七月）

聖なる川のほとり

私が訪れた十一月、聖なる川バグマティは土色に濁って、水量豊かに流れていた。この川のほとりに、金色の屋根をもつ堂宇が、ひときわ鮮やかにそびえ立っている。ヒンドゥー教の大本山、パシュパティナート寺院である。ここは、ヒンドゥー教を国教として憲法に規定しているネパールの国家寺でもあるので、連日参詣人で賑わっている。この寺の大祭シヴァ・ラットリーには、ネパール各地からだけではなく、インドからもヒンドゥー教徒が続々と集まってくるという。ヒンドゥー教徒以外は絶対に寺院の門をくぐることは許されない。

私は境内の裏を流れるバグマティの川辺にたたずみ、お供え物を両手に捧げた参詣人や、川に入って沐浴する男や、水辺で何かを真剣に祈っている老人たちを眺めていた。

午後の陽が斜めに川面にぶつかり、土色のさざなみはチカチカと輝いていた。目の前を青紫色の煙がゆっくりと横切っていく。それは、あとからあとから真綿の端をひっぱり出したようにつながっている。

あたりに鼻をつく匂いが漂う。いくらか嗅ぎなれたヒンドゥー寺院特有の匂いともちがう。どこかで出あったことのある気になる匂いだ。煙が立ち上がってくる方を確かめるのと、それが死体を焼く匂いだ、と思い当たるのとは同時だった。私の立っている場所からすこし下流の川端に、二メートル四方ほどのコンクリート台が四基、水中に張り出されている。そのうちの二つの台から、青い煙が二筋もやもやと立ち上がっていた。この川はヒンドゥー教徒の火葬場（ガート）でもあったのだ。

手前の台の傍には、ムシロの上にあぐらをかいた四人の男が退屈そうに焚火を見守っている。まことは死者を荼毘に付すという厳粛な葬儀のはずなのだが、私にはどうも焚火というイメージが先行してしまう。男たちは白い歯をみせて笑っているし、沈痛な表情や、涙とはほど遠い姿なので、もしかしたら、あの薪の下にはいくつかのおいもが隠してあって、彼等はそれが上手に焼きあがるのを楽しみに待ってでもいるような、そんなふんいきなのだ。

火は威勢よく燃えている。太い薪を一メートルほど井桁に高く積み上げた上に、死者の頭を川上に向けて横たえ、その上にムシロをかけて燃している。薪と赤い炎と煙の隙間に、頭蓋骨と足の関節があらわにみとめられる。骨になった膝頭が鎌首のように薪の上にとび出している。灰になるにはまだ当分時間がかかりそうだ。ネパールでは燃料の薪が不足しているので、薪は高価なものだ。とすると貧富の差は荼毘に使う薪の量の多少に関わってくるだろう。死者にとってよく焼かれることが最後の望みであるとしたら、今私が目にしている死者は、どの程度の幸福者なのだろう。

先ほどから男たちは、腕組みをしてどっかりと坐ったままの姿勢を、少しも変えてはいない。燃え具合の点検をしている様子もない。彼等はたぶん死者の身内なのだろうが、聖なる火によって、肉親の遺体がブスブスと燃え続け、解体されるさまを乾いた表情で凝視している。隣の台のまわりには人影は見えず、茶と白の牛が二頭体を寄せあって火の番をしている。薪の山は平べったく崩れかけ、オキ火がほっかりと暖かな色で息づいている。

ヒンドゥー教徒の葬儀は、ここパシュパティナート寺院で行なわれ、遺体は川辺で荼毘に付されたうえ、その骨灰はバグマティ川に投入される。体のなかの一番大きな骨は、川の中ほどに投げこむそうだ。

川は永遠なるもの、聖なるものの象徴とされているので、ヒンドゥー教徒が川で沐浴するのも、骨や灰を投入するのも、聖なる川は人間のあらゆる罪を洗い清めると信じられているからだ。水底をうかがい知ることはできないけれど、川床には白い骨片が層を作っているような気がする。それとも水流は思ったより急速で、すべて聖なるガンジスに運び去られるのだろうか――。

死者を焼く青紫色の煙が、ゆっくりとたなびいていくパシュパティナートの対岸、川幅はあまり広くないのですぐ真向かいという感じに洗濯場がある。五、六人の女たちが、お尻を水に濡らしながら川べりに腰を折って洗濯に余念がない。石の上には色とりどりの布が広げて干されている。


洗濯場と火葬場。それはあからさまな生と死の対比でもある。

聖なる川のほとりで黙々と営まれているこの光景に、私は心打たれた。現代の人間がどこかに置き忘れてきたもの、あるいはすでに掌中から失ってしまったもの、に不意に出あったような懐かしい驚きだ。ここでは生も死も同じ太陽の下で営まれる。なんでもないこと、だれにでもよおく見えているもの、なのであった。生も死も同じ次元、同じ線上にあるということの、あっけらかんとした安らかさ、そしてそのやさしさ、――人間の生き死にはそういうものであってほしいと私は思う。

私たちは生の完璧を求めるあまり、死を軽視してはいないだろうか、日本人の死の周辺が、異様に湿った印象を与えるのは、逆説的だけれど、そんなところに起因しているような気がする。

卑近な例でいえば、白亜の殿堂とみまがう最新設備を誇る火葬場や、葬儀の祭壇や花輪の豪華さ、はては香典や返礼の多寡などで、人間の死を受けとめている風潮が私たちにありはしないだろうか。

ヒンドゥー教徒の葬送儀礼には、単に宗教習俗のちがいということだけでは片付けられない、根元的な人間の心について深く考えさせられる重みがある。

（『海の宮』4号、二〇一一年十二月）

ベルの実の結婚

〝ベルの実の結婚〟このことばをきいて、好奇心がうずき出したのはカトマンズ盆地を旅していた時のこと、見上げると、空が緑の点描画になってしまうピッパラの樹の下でだった。

私は日本語に堪能な、ネパール人のスベリさんと並んで腰をおろし、ピッパラと呼ぶ天竺菩提樹のことを話題にしていた。ピッパラの木を礼拝する仏教徒とヒンドゥー教徒のこと、そしてこの木と結婚する習俗をもつインドのある地方のことなどを。濃い影を作った木の傘の下には村人がたくさん集まっていて、思い思い太い幹に寄りかかったり、横になったり、お喋りしたり、のんびりと道行く人を眺めたりしていた。子供たちはそのまわりをうろうろしているが、女性の姿はほとんど見かけない。

私たちの目の前を、色の黒い痩せた老人が通りかかった。オヤと思った。日本人にもよく似ている顔付きだが、顔中あばたで片目がつぶれている。日本ではもう見られなくなったが、天然痘で生き残った人ではないのだろうか。スベリさんに尋ねてみると、やはり天然痘の罹患者で、「ネワール族のひとですよ」とひとことつけ加えた。

顔に瘢痕《はんこん》のある人がいたら、それはネワール人といって間違いないそうだ。ネワール人は種痘をしないという。またかかっても医者や薬を使わないで、呪術やアジマという天然痘よけの女神に祈るだけだそうだ。現在でも強固に独自の生活儀礼をもち、それを支えに誇り高く生きている人たちである。そのネワール族こそカトマンズ盆地の原住民族であり、十八世紀中葉、ゴルカ王朝に征服されるまではこの盆地の主人公として、華やかな王朝文化を築きあげ、固有の文化社会をもっていた民族だ。キルティプールという丘の上の古い町は、今でもネワール語を使い、頑として生活を変えないネワール人の本拠地である。その部落も訪ねたが、ひっそりした狭い石畳の道を歩いていると、澱んでいる中世に呪縛されてしまいそうだった。


不意にスベリさんの声。「ベル、ビバハ――ベルの実の結婚、知ってますか？　ネワール族の……」。「えっ、ベルの実の結婚……」私は思わずきき返した。このおとぎ噺のようなことが現実に行なわれているという。

ネワール族の少女は六歳から十二歳ぐらいまでの、初潮の前に、「ベルの木の実（イーグル・マルメロ）と象徴的な結婚をする。この通過儀礼をネワール語でイヒーと言い、これをしないと大人になってから結婚できないといわれている。

ネワール社会では、ヒンドゥー教徒でも仏教徒でも、完全な儀礼を伴う正式な結婚は生涯に一度、ベルの実との結婚であって、その後の結婚はどれも聖なるものではなく、容易に解消できるもの、二次的な重要性しかないと考えられている。ネワール女性には絶対不可欠の三つの結婚儀礼がある。第一はベルの実との結婚、第二は初潮、第三は人間の男との結婚。現実の結婚ではほぼ完全な結婚の儀礼を行なうけれど、ベルの実との夫婦関係はもち続ける。だからもし妻が離婚を望むなら、その時は結婚式で夫から贈られたベテルーナッツ（ビンロージュの実）を夫に返せばよいし、夫が死んだ時は、死者の脇にその実を置けば、妻は自由に別の男と結婚できるし、夫の喪に服す義務もなくなる――。これが時間をかけたスベリさんの説明であった。はじめて耳にする興味深い慣習に胸がさわぐ。

「少女を花嫁にするベルの木の実は、何の象徴なのでしょう。シヴァとかヴィシュヌとかの男性神で、絶対的なものと考えられますけれど……」

「そう、私の考えではベルの実はナラヤン（ヴィシュヌ神のネパール名）の象徴だと思います。イヒーがいつごろ始まったものかだれにもわからないのですが、たぶんヒンドゥーの影響でしょうね。あるネワールの村では、ベルの実とナラヤンの神像を並べてこの儀礼を行なうときいていますし、収穫と豊穣の神ナラヤンがベルの実の形をしているともきいたことがあります。ナラヤンはいろんなものに化身する神ですから……」

ネワール文化の基層には永い歴史のなかで、大乗、小乗の仏教、ラマ教、ヒンドゥー教、呪術を含めた土俗信仰、カースト制度などが、複雑に絡み合い、混り合い、そして融け合った独特なものがあるので、ベルの実の結婚儀礼も宗教的混淆の一面でもあるのだろう。しかし、なぜそのようなことが考え出されたのだろう。とても自然発生の習俗とは思えない。私にはネワール人の結婚観――結婚は神聖でも永続的な結びつきでもなく、破ってはならない関係とは考えていない――と女性の地位が深く関わっているように思える。

不死の神ナラヤンの神妻となったネワール女性が、もし人間との結婚は仮象にすぎないと考えるならば、彼女が人間の夫と別れることは自由であり、また夫が死んでも未亡人とは考えないだろう。ここにヒンドゥーとネワールの決定的な相違があるように思われる。

ヒンドゥー社会では女性の地位は低く、姦通はもちろん、離婚も難かしい。それどころか、サティといわれる殉死の慣習があったことは歴史に残っている。夫が死ぬと、妻は夫の死体とともに火葬にされるか、彼の墓に生きたまま埋められた。サティとはサンスクリットで、「よい女」、「真実の妻」の意味であり、自己犠牲によって貞節の証をたてたわけだ。サティは強制ではなかったというが、ヒンドゥー教の是認するところであり、また輪廻思想から、未亡人として生きるより殉死した方が一族のためになると考えられていたらしい。ヒンドゥー国家インドでは一八二九年、英国の統治時代にサティは廃止されたが、ネパールではラナ政権の一九〇〇年代になって禁止されたという。

カトマンズ盆地は、ゴルカ王朝に主導権が移って以来、急速にヒンドゥー化が進んだようで、それはネワール社会にも浸透したことは明らかだ。そんななかで、巧妙にヒンドゥーの神を取り入れ、少女のうちに絶対神ナラヤンと結婚させる、ベルの実の結婚儀礼を産みだしたことは、ネワール女性を未亡人にしない便法ではなかったろうか。チベット・ビルマ語系のネワール語を話すこのネワール人の、素朴な自然観から育ってきた女性観が、ヒンドゥーの女性観、結婚観を拒否し続けた証ではないのだろうか。イヒーは自分たち農耕民族の土着信仰のうえに、都合よく他宗教を取りこんで、生き易くした一例のようにも思える。たとえそれが私の幻想にすぎないとしても、人間の女を神にめあわせる発想、そして男々しいヒンドゥーの神を、握りこぶしほどの堅い果皮に包まれ、果肉が芳香を放つベルの果実のなかに、とじ籠めてしまうユーモアに、私は限りない人間の知恵を感じている。

後日私は人を介して、ネワール人に現在のイヒーについて尋ねてもらったのだが、男性は、「男は儀式の部屋に入れないのでわからない」と答え、経験者の女性は、結婚式の前にベルの実をマーケットに買いに行ったことを話してくれた。ベルの実はできるだけ小さいものを選ぶとか。それは小さいものが見つかると若い人と結婚できて、大きいものだと年とった人との縁組みになる、と信じられているからという。儀式の時は僧侶を招き、プージャー（供養すること）する。その時少女は必ず男の人、父親（もしくは父親の兄弟）の膝に抱かれなければならない。儀式は三日間続き、あと五日間はベルの実を神聖な場所に置いておく。身内の者がお祝いにくるのはその間で、その家ではいろいろごちそうを出してもてなす。このあとベルの実をお寺に納めに行き（川に流すところもある）、イヒーは終了する。

ベルの実をどう扱うのかをきいてみたが、忘れました、といって彼女はそのことについては話してくれなかった。薄暗い部屋に少女を置き、ベルの小さな果実をワギナに挿入して結婚式を行なうとも、五センチほどの茎のついたベルの実を僧侶から与えられるともきいていたけれど。

この頃のイヒーは一人では費用が嵩むため、グループでやるようになったという。時代の波が強固なネワール族の儀礼にも関わるようになってきたのだろうか。

神との結婚は、いつまでも密かで、濃密な空間を保っていてほしい――。

（「いしゅたる」第6号、一九八五年一月）

チベット仏教の国・ブータン——チョルテンの石仏

ヒマラヤの麓パロ。標高三〇〇〇メートルの地の、切り立った絶壁の中腹にタクツァン僧院は建っている。険しい孤高の聖域である。この僧院に観光客が入ることは許されないが、谷をへだてた対岸の展望台から、雲上の楼閣ともみまがう白い壁の僧院を眺めることはできた。

伝説によると、八世紀の中頃、仏教をブータンに伝えたのは、虎の背に乗って飛んできたチベットのグル・パドマ・サンババで、この偉大な聖者がはじめて降り立ったところだといわれている。僧院の奥深くに虎にまたがり、口髭のある威厳に満ちたお顔のパドマ・サンババの像があるときいたが、タクツァンは「トラの巣」という意味だそうだから、伝説にちなんで名付けられたものなのだろう。

時折、谷間を流れる風の音に乗って、僧院の読経の声と、オーボエの音がきれぎれに響いてくる。霧をまとったタクツァン僧院を目前にしていると、チベット仏教の厳しい姿が実感できた。

山をおりる途中、どこで間違えたのか道に迷った。山道は確実な道が一本だけ、でこぼこのひどい道なので見通しのよいところだからと、本道を離れたのが悪かった。

ぐるりは山、すぐ近くにすがすがしい松林があり、その向こうに赤米と白米が交互に植えられた水田が続いていた。登り道で見た丈高いダルシン（経文旗）も視界の中でやさしく揺れている。

ひっそりとのどかで、つつましい風景に満ちたりた思いで歩き出した。色付き始めた水田は香ばしい匂いを放ち、小川はしゃらしゃらとはねるような音を立てていた。しかしどこにも道らしい道はなく、田圃にまぎれこんで全く途方にくれた。仕方なく平均台のような畦道を、綱渡りの心境で歩いてみたがバランスをくずしてついに水田に落っこちた。落ちた拍子に稲穂をぐっとつかんだら籾の縁の黒い赤米が掌にのこった。どぶねずみ姿のまま、やっと農家の裏庭に辿りついた。牛も鶏も犬も庭中を勝手に動いている。

あたりを見回しながら〝あっ〟と思った。私の立ったすぐそばに、古びてはいるが完全な姿をのこすチョルテンがあったのだ。高さ三メートル、幅一・五メートルほどの方形の建物で、石を積んだ上に漆喰が塗ってある。壁面の中ほどを帯状にレンガ色が取りまき、そこに粘板岩と思われる黒い薄い石に線刻の仏像が彫られて、はめこまれていた。繊細な美しい彫りは仏画を思わせる。

東壁は三枚になった尊像で、左がパドマ・サンババ、中央が菩薩像、右がガワン・ナムゲル（聖者シャブドゥンの称号をもつブータン建国の父）。西は真ん中に忿怒尊《ふんぬそん》の立像線刻、南は丸石が一個はめこまれ、〝オムマニペメフン〟の真言がかかれている。北は真ん中に仏陀らしい坐像線刻、その下にマニ車が吊りさがっている。

これだけ揃ったチョルテンが建てられているのは、村人が集まるところでもあるのだろうか。

チョルテンはブータンの代表的な建物で、仏塔であり、小さな礼拝堂でもある。仏教のシンボルとして至るところに建っているが、簡素なものから豪華に装飾されたものまで様式はさまざまだ。思いがけない田圃の真ん中のチョルテンには石仏がはめこまれていたが、ストゥーパ型の仏塔が内部に置かれているものもある。村々の小型のチョルテンはちょうど日本の路傍の石塔のような素朴さで建っていて、心惹かれるものがある。それはきっと、土地の悪霊を鎮め、村に災いが入りこむのを防ぐ意味があるということに、親しみを覚えるからだろう。

崩れかけているものでも聖なる建築物であることを示すレンガ色のラインを見ると、信者たちがこの仏塔のまわりを真言を唱えながら根気よく回り続ける姿を思い描く。ブータン人の生活を見ていると、信仰は生活の一部であることがよくわかる。

野山にはためく日本の幟《のぼり》のような経文の布ダルシン。宝珠を背負った馬の姿が描かれ、幸運を運ぶと信じられている経文の布ルンタ。町の広場やチョルテンにとりつけられたマニ車。通りすぎる人は真面目にそれを回していく。

篤い信仰に支えられた、律気で簡素な人たちの住む国ブータンは、今や決して秘境とはいえないけれど、密教の宇宙観を心にもつ人たちの内面は、物質文明にどっぷりつかった私たちにとって、神秘的な魅力をもっている。

（『日本の石仏』64号、一九九二年十二月）

ひっそりと、シンプルライフ

西側から山の迫った谷あいに、川の流れが見え、一本の滑走路が目に入った。小さな飛行機は両翼を窮屈そうに揺るがせながら、その谷間に滑りこんだ。ヒマラヤの王国ブータンのパロ飛行場である。王国の玄関口である小さな建物の屋根の上に丸い石が行儀よく並べられているのが印象的だ。通関に時間がかかり、田舎の駅前（のような感じ）に拡がるはじめての風景に、思いがかなってはるばるやって来た喜びが重なった。

遠くの丘に、日本の神社で見る幟のようなダルシン（経文を書いた旗）が風にはためいているのが見えた。駅前にいるこの国の人たちはみな民族衣装を着ていた。日本の和服によく似たゴは男性、キラは女性。髪も目も黒く、顔も日本人によく似た人たちが立っていると、異国へ来たという違和感や緊張感が薄らぐ。今まで写真でしか見たことのない画面がパノラマで目の前にある不思議さと懐かしさに私は感慨を覚えた。

大ぶりな山容は緑でおおわれ、すくすくとした松の木が多い。山の斜面に建つ家々がひときわ美しく見えるのは、白い壁と焦茶色の木製の窓枠の対比である。農家は堂々とした三階建ての建物で、どこの家の屋根にも真っ赤な唐辛子が広げられて陽に映えていた。

どこを見ても看板のたぐいは全くない。標識すら見当たらない。胸のつかえがストンと体外に抜け出るようなすがすがしい風景だ。それはヒマラヤの麓という地理的条件ではなく、文明の俗化というものを受け入れないお国柄のせいなのだろう。

この国の人たちの暮らしを見ていると、私の中で、私たちがすでに失ってしまったものの姿を復元している錯覚にとらわれる。私は首都ティンプーのツェチェ（祭り）を見学するため、ブータンを訪れたのだが、年に一度のイベントに集まる人たちの目がどんなにいきいきと輝いていたかを忘れることはないだろう。家族揃《そろ》って一張羅を着込み、お弁当を持って、仏教儀式にのっとった長い催しものを見物する老若男女の表情にかげりはなかった。自然とともに生き、王様を敬愛し、彼らのバックボーンであるチベット仏教の篤い信仰に支えられ、平和な暮らしを営んでいる。精いっぱい生きている、ただそれだけと言っていいシンプルライフ。そこに羨望を感じるのは、物質文明につかり切って贅肉のつきすぎた自らの生活への反省でもある。この国が汚されないことを祈っている。


（「朝日新聞」、一九九二年十月）

パロ谷の弓技場で

十月初旬、ヒマラヤの王国ブータンの空は、水色の絵具をいっきに塗り拡げたように晴れやかだった。日中の気温は暑くなく寒くなく、まことに快適で、私はぶらぶらとパレスの反対側にある弓技場に足を向けた。広い草地を使った弓技場のまわりには綱がはられ、その外側に大勢の見物人が立っている。

中で二組のチームが競技をしていた。一組は二つのチームが左右に分かれての対抗戦だから、全部で四チーム、一チームは十数人のメンバーだ。はじめて見るブータンの国技、弓の大会ときいてはぜひ見ておきたい。

ブータン人が特に好むスポーツで、どんな祭りにもこの活発な弓技なしには考えられないという。ほとんどの男子が十一、二歳から弓を手にするというから、矢を射ることはみな上手らしい。オリンピックにも選手を派遣している。

日本の弓道というと、古式武道らしい緊張感が漂っているが、ブータンの弓技は晴天にふさわしい浮きうきしたふんいきである。男たちはそれぞれゴ（民族衣装で日本の着物に似ている）を着ているが、たぶん競技者としての晴着なのだろう。手首の折返しカフスが真っ白だ。私は一五〇メートルほど離れている両陣の右側に陣どった。色鮮やかな模様が描かれた木製の丸い標的の立つ場所は、小高くなっていて、まわりは門松に似た針葉樹でかこまれている。競技はお互いの標的を交互に射ることだ。両者の間に採点者席らしいものが見える。競技の間中、チームの人が的の近くをうろうろ歩き回っているのが見る者を不安にさせるけれど、お互い腕の良さを信頼しているのだろう。

思いがけない状況が目前で起こった。守護側の全員が輪になって踊り始めたのだ。何をしているのだろう。見当がつかないので眺めているほかない。そのうちだんだんわかってきた。一本の矢が放たれるごとに、守備チームは、それが命中すれば全員が前にでて相手をほめ讃える歌をうたい、踊るのだ。敵側の首尾を祝うというこの弓技の寛容さに私は驚いた。外れると、こんどは失敗を揶揄する歌をうたい、踊りを披露するという具合。みな両手をあげて相手を激励している。もちろん攻撃側の命中時の喜びは大変なもので、勝利の踊りを賑々しく披露している。その仕草の何と明るく天真爛漫なことよ。――

こんなことを繰り返していると一試合にずいぶんと時間がかかるわけだ。観客も弁当を食べながらのんびりと観戦していて、いつ果てるともしれない試合にだれもイライラしているふうでもない。こんなにゆっくりと時が流れている国は滅多にないのではなかろうか。

そしてもう一つ。めがねをかけた青年が一人もいなかったことにも驚いた。はるか彼方の標的に当てるのだからすごい眼力である。

ヒマラヤの麓、パロ谷の人びとは、チベット仏教を篤く信仰し、教えに従って簡素で素朴な暮らしを営んでいる。子供の目の美しい国は豊かな国だ。ブータンを訪ねてよかったと思う。


（「飯能よみうり」、一九九三年一月）

東インド・オリッサ追想

石に彫られた神や仏。日本では路傍の石仏と呼ばれて親しまれている存在だが、その源流は果たしてどうなのか、という素朴な疑問と好奇心が目を国外に向けさせる原動力になった。文化の吹きだまりといわれる島国の日本が、どのような形で異国の宗教や文化を受け入れ、消化するのと同時に同化させていったのか。考えれば壮大なテーマになってしまうが、それはさておき、「日本の石仏」を知るためにせめてアジア仏教文化圏を見たいと思った。その意味では一通り十六か国を訪問した。しかし大きすぎる中国とインドは何回にも分けて訪ねることになった。何しろ石造建築、石窟、彫刻が圧倒的な量なのである。ここにご紹介するのは一九九六年秋に訪れた東インド・オリッサ州の点描である。

ブバネーシュワル——ヒンドゥーの聖地

西ベンガル州の州都カルカッタから約四五〇キロ南下すると、オリッサ州の州都ブバネーシュワルに到着する。一九五六年に誕生した人口四十五万人の小さな州都である。二千年以上の歴史をもつ土地で、近くに紀元前二世紀の石窟や、アショーカ王の碑文がのこるダウリがある。そばに日本山妙法寺の真っ白いストゥーパが青空にくっきりと立ち上がる。その丘から眺める三六〇度の平原は、はるか地平線まで連なる田園で、深呼吸をするとインドが胸に充満する。巨大な街、喧騒のカルカッタで過ごしたあとだからその思いが強いのだろうか。

ベンガル文化圏に属するこの地域には、インドの他の観光地とは異なった、もっと身近な宗教的ふんいきが漂っているような気がする。旧市街にはオリッサ寺院建築様式をもつ大小さまざまな中世ヒンドゥー教寺院群があり、ブバネーシュワルを宗教都市として有名にしている。

今なお信仰が続いている寺院を「生きている寺院」、信仰が絶えてしまった寺院を「死んでいる寺院」とガイドのポール氏は説明した。彼はひとこと、ここは死んでる、ここは生きてる、と表現するが、きいているとストンと胸におちることばである。生と死は即、動と静であるからだ。

七世紀に建てられた、この町で最も古いパラシュラーメシュワル寺院を訪ねた時のこと。美しいシカラ（高塔）と精緻な彫刻の密集した、こぢんまりと落ちついた寺院の内部は外光が遮断されて全く暗い。奥の祠堂には、シヴァ神であるリンガが供花と香油で荘厳され、嗅ぎなれない匂いが鼻をつく。その前で祈りを捧げる人たちの真剣な表情を垣間見た時、神も人も容れものである寺院も、盛大に生きていることを痛烈に感じた。

この町を聖地たらしめているリンガラージャ寺院は、十一世紀後半に建てられ、規模からもオリッサ建築の素晴らしさからいっても屈指の大寺院である。私たち異教徒は中に入れないので、壁の外の観覧台から中をのぞくだけ。塔の高さ五〇メートル、垂直線が強調されているため巨大なリンガ（男根）がそそり立っている威容である。境内には数十の祠堂が並び立ち、その間をインド各地からという参拝者たちが蟻のように動き回っていた。その光景を眺めながら、祈りだけが漲っている空間に太陽と同じような熱さを思った。

プリー――ラタ・ジャートラの巡礼地

ブバネーシュワルから六〇キロほど緑の野を南へ南へと進むと、ベンガル湾の海辺の町プリーに出る。ここにインドで最も重要な巡礼地の一つ、十二世紀建立のヒンドゥー最大のジャガンナート寺院がある。そこでは常時六千人の人々が働いているといわれ、プリーはジャガンナート（宇宙の主の意）寺院で成り立つ生きた宗教都市であろう。さらに言えば、年に一度の六月下旬、ラタ・ジャートラ（山車《だし》の祭り）があって、十六の車輪をもつ巨大な山車三台に三神像をのせ、数千人の人がそれを曳き、世界中から集まった何万人もの巡礼者が後に続くというのだから、日本人の祭りの感覚をはるかに超えている。その時期、二百万人の人出で町はごった返すという。

ここも異教徒は立ち入り禁止なので、対面の図書館の上から寺院を眺めた。巨大だが心に迫ってこないのはなぜだろう。参道の混雑に伽藍が融けこんでいるように感じるからなのか、壁面の細部が失われているからなのか、祈りの空間に私の心が怯《ひる》んでいるためなのだろうかと、点描画のような町で考えた。

レールウエイホテル——贅沢な時間

海辺のレールウエイホテルで過ごした三日間は愉しかった。英国統治時代の簡素で古びた木造二階建て。エアコンも網戸もなく、天井で大きな扇風機が焦茶色の円を描き、白い蚊帳《かや》が吊るしてある。今どき、はやらないホテルだと思うが、ごく自然で何もかもがゆったりしている。ゆったりこそ、現在忘れられている贅沢なのだと思う。モーニングティをにこにこしながらテラスに届けにくる老いたルームボーイ、芝生の上を走るリス、にぎやかな小鳥、そして潮騒。——ホテルの前庭に集まってくる運転手たちと挨拶を交わし、彼らの幌付き自転車に乗る。錆びた折れ釘のような黒褐色の脛を陽に輝かせながら彼らは全力で走る。仕事がある嬉しさを満面にたたえて親切に立ち回り、人なつこい。

ジャガンナート寺院のある町の中心部まで毎日往復した。その途中にはここの人たちが信仰するヒンドゥーの神々が、まるで大売り出しの如く道端に展開されていて、寺院とはまた異なった濃密な信仰空間を演出する。夜も昼も、呼吸することが祈りに直結している世界だった。

コナーラク――太陽寺院の眩惑

プリーから三〇キロほど、今は海辺近くの小さな村コナーラク。ここに十三世紀前半のスーリヤ寺院がある。数あるヒンドゥー建築の中でも最高傑作といわれるこの寺院は、長いこと私の憧れだった。

寺院全体が太陽神スーリヤの乗る馬車をかたどっていて、先頭には馬、基壇には二十四個の巨大な車輪が彫り出され、大きな山車に見立てるというのだから、その構想の壮大さに息をのむ。そして壁面いっぱいにほどこされた精密な彫刻の素晴らしさ、その多種多様な彫刻に圧倒される。カジュラホとよく比較されるが、決して劣るとは思えない。なかでもミトゥナ像（男女交合像）は目を奪う。日常の感覚を切りはなして対面すると、こんなにおもしろいものはないだろう。宗教的心意がどこにあるのかよくわからないが、こういう美の世界を創りあげるヒンドゥー教に一層魅せられる。

ポール氏の解説では、このさまざまな姿態、多様な組み合わせは、一般人に対する性教育の役割をもっていたのだという。建築と彫刻の素晴らしさには溜息で応ずるのみだった。マクロとミクロの世界が同次元でとらえられているこの宗教空間は、私にとって驚きだった。ヒンドゥーの魅力にひかれて、昨年は南インド・ドラヴィダ世界を見ることができた。

（「青渕」9月号、一九九七年）

インダス川のほとりで

念願だったラダック行きが実現できた時は、天にものぼる心地だった。確かに三五〇〇メートルの高地の町に行くのだから、天に近付くことではあったが、だれもが心配する高山病のことなど全く意識になかった。私の悪いクセで〝何事もやってみなけりゃわからない。結論は最後〟の持論が先にたつから、行く前から心配する気にはなれない。それよりもヒマラヤとカラコルムとラダックの山脈を望む、チベット文化圏の匂いを肌身で感じることへの憧れが全身を包んでいる。

正確にはインド国、カシミール州、ラダック地方、レイ。ラダックは〝ヒマラヤの小チベット〟といわれるところでレイはその中心地だ。広大なチベット文化圏の西端に位置している。チベット本国が中国の自治区となり、その中心地ラサは東端になる。どちらも訪ねたい土地だが、レイの方がチベット文化を古い形のままよく遺しているといわれているのと、もう一つ、先年訪ねたチベット仏教のブータン王国の祭りとを比較してみたかったからだ。

幸い六月十九日はレイで一番大きな寺院ヘミスゴンパでお祭りがあった。この祭りを見るために観光客が集まってくる。見たところ欧州系の人が多く日本人は私たちだけだった。ヘミスゴンパはレイの町からインダス川に沿って一七キロほど上ったところにある。到着した時、祭りはクライマックスをむかえていて、境内の中央ではチベット仏教独特の仮面舞踏が行なわれていた。

周囲をぐるりと取り巻いている観衆は、地面にぎっしりと詰めて坐っていた。老若男女は写真で見たチベットの民族衣装で着飾り、髪の形、帽子、髪飾りなど昔ながらの人もいれば、頭にスカーフを巻いたチベット的な顔立ちの女性もいる。ヤクの毛で編んだ厚いセーターを着た男性、野球帽をかぶり、赤いホッペの現代の子供たち。ここの人たちは純粋なチベッタンとラダッキーと呼ばれるラダック人のほかに、カシミール系のインド人が入り混じっているそうだが、私たちの目ではよくわからない。チベットとインドが同居している印象は、やはりレイの町の強烈な記憶になった。

仮面舞踏の催しものにはそれぞれ筋立てがあって、チベット仏教の教えをやさしく民衆に説いているのだそうだが、タイコとオーボエの単調な演奏に従って、踊り手は歩いたり、回転したり、はねたりしながら円を作ってぐるぐる回る。極彩色の恐ろしげな仮面にどくろを胸にさげた姿の、幾重にも重なった衣装が花のように開く瞬間がある。この時、ブータンのツェチュの祭りを思い起こした。同じチベット仏教でも国家宗教と民俗宗教の経済的な背景はたぶんちがうのだろう。ブータンの祭りは踊り手も衣装もお金がかかっていて美しかった。王宮の中庭は広く、観衆は多く、祭りの愉しさは演出されていた。ヘミス祭りはそれに比べると何とつつましやかで素朴なものだろう。洗練されないまま、ひっそりと純白のヒマラヤの山々に閉じこめられ、閉じこもったままでチベット仏教のおどろおどろした神秘さが、一つの命脈のように息づいている。飛行機でニューデリーからヒマラヤとカラコルム両山脈の息をのむ美しさを目近に望み、白いさざなみのような山なみを越えた果てに、こんな素朴な世界が存在していることに私は感謝した。

高い本堂の正面に大きな仏画がかけられ、その下をくぐった堂内はひんやりと冷たく、異形の仏菩薩のタンカ（仏画）が隙間なく壁に飾られていた。白い山なみの上に拡がる空は真っ青、一点のくもりもない。さらさらした風にいくつものタルチョー（祈り旗）が揺れ動く。

祭りに興奮していた間はよかったが、急激に動き回ったせいか高山病の徴候が現れだした。頭痛がするし、少し歩いても動悸がする。とにかく目的のヘミス祭りが見られたことに私は満足した。

インダス川はまるで少年のような川であった。透明でしなやかで、はにかみがある。ヒマラヤ山系を発してまだ間もない成長期なのだ。パキスタンを悠々と流れていたインダスとは表情がちがう。祭りの帰り道、沿道に待伏せしているチベッタンから喚声をあげてインダスの水をかけられた。頭痛がおさまりそうな冷たさだ。祭りの日のイベントなのだぞうで、みんなニコニコと手を振っている。

インダス川のほとりの町レイ。そこだけが荒涼とした砂漠の続くヒマラヤ山麓のオアシスだ。運転手もガイドも無口だが親切で、日本人によく似た風貌に親しみをもった。テレビで〝おしん〟をみたことを誇らしげに話す彼等たちと、碧い空の下でいつまでも話していたかった。

（『紅通信』17、一九九四年十月）

ラダックの石仏

六月末ラダックのレイという町へ行ってきた。かつてのチベットの西端に当たるところで（東端は中国のラサ）、チベット仏教が変わらない形でのこっている貴重な地域といわれている。ちょうどヘミスゴンパ（寺院名）のお祭りの日にあたり、すぐ間近に純白の山なみを望む境内で演じられる仮面舞踏のイベントを見学した。観衆はお祭りの日のよそゆきを着たチベット人の老若男女、子供たちで、ぎっしりと地べたに坐り、悠長な音楽に合せて踊る怪奇な仮面の舞踏を熱心に見ている。

〝あ、これに似た光景を見たことがある〟と記憶をたぐっていくと、幼ない日の神社の祭礼にいきついた。お神楽《かぐら》や獅子舞いのまわりを取りかこんだ人垣や、お祭り独特の浮きうきしたふんいきがよみがえってくる。標高三五〇〇メートルを越す高地で、遥かな歳月を連綿と受けついで生きている仏教の、凄さのようなものを感じた。

いくら動作はゆっくりと、と言われていても、つい動き回り、早々に高山病の洗礼をうけた。見渡すかぎり荒涼とした砂漠地帯に、インダス川の細い流れの流域だけがひとの暮らしている町、オアシスを作っている。

黄土色の砂地の道路を走っていると、時々高さ五〇センチほどの平べったい丸石が立ち並んでいるのを見かけた。石の表面にはチベット仏教の五仏と思われるチベット文字が、種子のようにデザインされて彫られ、それはたぶんチベット仏教の五仏と思われるが、まさに路傍の石仏である。そのほかにも岩山の壁に仏像を彫刻し彩色したもの、見上げるばかりの大きな岩に、五体の仏像を線刻したもの、日本で見る長方形の石に仏像を彫り、きれいに彩色したものなどを散見した。陽刻したものは見た限りでは一つもなかった。線刻の方が易しいからなのだろうか。チベットの石仏は私たちに決して違和感をもたせるものではなく、日本の風土においてもすんなりとけこんでしまうのではないかと思ったほどだ。身近にある素材で、自分たちの信仰する神や仏を作り、それを野に置くという行為が、本質的に日本の石仏と同質のものかどうか、を考えるきっかけになった。

チベット仏教も中国を通り、韓国をも通り、日本に伝わってきたことは否定できない。今散見したチベットの路傍の石仏のことを書いている目的は何かと問えば、石の仏について現地の人たちは、日本人のように研究の対象などにはしていないということだ。信仰そのものが強烈に生きている。ただそれだけ、という切実な感慨をもった。

（『日本の石仏』71号、一九九四年九月）

黄金のバングラデシュ

雨期が終わり乾期に入ったバングラデシュの平原は、見渡す限り黄金色に染まっていた。日本の稲とはちがって丈の低い貧弱な姿だが、青空の下の輝いた拡がりはこの国の印象を明るいものにしている。黄金色の彼方にキラリと光る水面がある。洪水の名残りの水溜まりだそうだ。凄まじい洪水は世界中に報道され、一番貧しい国というレッテルとともに知名度が高い。

機上から眺めると、山の影一つない見通しのよい平野ばかりだ。その耕された大地には縦横に川が走っている。それはまるで何百匹もの大蛇が暴れ狂っているようだ。よく使われる蛇行という表現には、ゆったりとした響きがあるが、そんなものではない。この大小の蛇身に、ヒマラヤの雪解け水が駆け下るさまを想像すると、にわかに息苦しさを覚える。

北海道の二倍という国土が、雨期の半年間は水浸しになる国の事情はとても理解できないが、湖のように見える水面を「水溜まり」と説明するガイドのマスード君に好感をもった。考えてみれば氾濫した水がまだ吸収されていないだけだから、水溜まりにはちがいないのだが、私たち日本人とはどこかちがう意識をもっているように思えた。

私がこの国を訪れたのは一九九五年の十一月。そこで出会ったマスード君は背の高い彫りの深い顔立ちのさわやかな青年だった。彼は自国に強い誇りをもっている。

「バングラデシュといえば、先進国は洪水、貧困のマイナスイメージを伝える番組ばかり作っている。私たちの国は古い歴史と肥沃な大地、豊富な産物をもっています。これからなのです」

と残念そうに、しかし熱烈な口調で私たちに語りかけた。

かつてパキスタンから独立するために血を流した、建国二十五年の若い国を背負っていくのは彼の世代だ。

「日本や他国の援助で毎年新しい橋が架けられるけれど、すぐ壊されてしまいます。最新技術でも自然の力にはかなわないのですね。この国の人はそう確信しています」

彼の瞳の光は射るように強くそして澄んでいる。瞳のきれいな青年がいる限り、黄金のベンガルには未来があるだろう。


（「埼玉自治」一九九六年三月）

ヴェトさんと松の木

　ベトナムの遺跡を辿る旅から帰宅すると、庭の松の木の手入れに植木屋さんが来ていた。師走の陽だまりの中に鋏の音が静かに拡がっている。その音をききながら、この旅で知り合ったヴェト青年との会話を反芻《はんすう》し続けている。

　彼は東アジアの古典文学を研究しているそうで、日本の古典についても私たちよりよほど詳しい。仏教徒でもあったので、話が生まれ変わりに及んだ。

「もし生まれ変わることができたら私は木になりたい。人間にはなりたくない」と言う。

「どんな木？」ときくと、「松の木がいい」と答えた。松の木の梢《こずえ》に吹く風が好きだからと、ヴェトさんはそっと耳に手を当てた。日本でいう松籟《しょうらい》のことだろう。

　幼い頃の記憶にベトナム戦争があり、大学時代にカンボジア戦に参戦して多くの友人を地雷で失い、戦争のむなしさを体験した三十六歳の青年だ。その若さで松の木になりたいと言ったことばが私の心に重く沈んでいる。

　十数世紀にわたって繁栄を誇ったチャンパ王国の聖地ミーソンには、爆弾の落ちた大きな穴がいくつもあって、水溜まりは草むした祠堂の影と一条の白雲を、ひっそりと映していた。この国の辿った興亡の歴史は複雑である。
真っ青な空、青々と拡がる水田、戦争をしてはいけないというヴェトさんの物静かな日が思い出される。日本も忘れ去られそうな十二月八日を迎える。

（「読売新聞」夕刊、二〇〇二年十二月）

夜明けのアザーニ

暗闇の層がほんの一枚めくれて、そこに鈍い明かりがついと入りこんだような、薄ぼんやりとした外界。目覚めるには間がある私の意識の底を、どこかきき覚えのある物音が通りすぎてゆく。突然の物音の正体を確かめようと耳をすます。それはスピーカーから流れる男の声だった。ゆったりと、のびやかな抑揚をつけた気持ちよい男の声が、静かに拡散していく。

午前四時半。パキスタンの玄関口カラチのホテルでのことだ。この声はいったい何ごとなんだろう。きいているうちに、ナットー、ナット、ナットー。——あるいは、サオヤー、サオダケエ。——と同じ節になる。どうしても私の耳にはそうきこえる。

イスラム共和国パキスタンの旅は、この、ナットーの声で始まったのだが、イスラム圏の風俗習慣にはあまりなじみがないため、猛烈な好奇心をかきたてられた。この夜明けのスピーカーは、アザーニといってお祈りが始まる呼びかけのことばなのだそうだ。イスラム教徒は一日に五回お祈りをする。モスクに行くのが正式だが、どこにいてもメッカ（聖地）に向かってお祈りすることはできるので、このアザーニがそれを知らせてくれるのだ。

早朝四時半に始まり、午後二時、四時、六時、八時と時間がきまっている。モスクはいうに及ばず、空港でも山中の道端でも、トイレの中であってでも敬虔な祈りをたやさない民族を見て、私は驚きをこえてある畏《おそ》れを感じていた。

私が訪れたのは一か月も続くラマダン（断食）月の半ばであったから、パキスタンの人たちの生活にじかに触れた思いがする。ラマダン月は日の出から日没まで、一切のものを口にできない厳しい戒律がある。食物、水、タバコ、つばきすらも。人々は当然戒律を守っていた。旅行者は例外だとしてもレストランは日中開いてないので不自由であった。厳しい宗教をもたない日本人には我慢できない生活だ。

夕方六時日没のサイレンが鳴った時の、バザールの喧騒と食物に群がる人たちの明るい笑顔は忘れがたい。暑いさなか一滴の水も飲まない我慢があったればこそ、の喜びはいかばかりか。

毎日報道されるアフガン問題を考えても、この砂漠の民であるイスラム世界の考え方には、私たちの生ぬるい想像など通用しないように思える。しかしもう一度、あののびやかな夜明けのアザーニをききたいと願っている。

（「埼玉新聞」、一九九二年五月）

廃墟にのこる栄華の翳《かげ》――ガンダーラ美術の旅

私のパキスタンの旅は、モヘンジョダロやハラッパーの古代遺跡の見学から始まった。インダス文明発祥の大地にこの手で触れた感動は、素直に肯定できるものだけれど、すでに五千年の歳月は古代都市を廃墟にかえ、一木一草の影をひたすら求める砂漠地帯の印象が強かった。乾いた淡褐色の細かい土は、一陣の風に煙のような砂ぼこりをあげ、太陽は容赦なく肌に突き刺さった。

かつてここが大規模な都市として栄えたことは事実であるが、現実の遺構の上に想像力の限りをつくして再構築を試みなければ、輝かしかったその姿は見えてこない。そしてここが緑濃い大地であったろうということも。――すべて廃墟とはそういうものなのだろう。

インダス川も私の川のイメージをはるかにこえていた。空から見る川の形は、大蛇の勇壮なうねりのようなものかと思っていたが、パンジャブの肥沃な地帯を流れる姿は、やまたのおろちが連続して動いていくような、茶褐色の複雑な乱れを繰り返していた。たまたまインダス川下流のカラチから、約一二〇〇キロほど川をさかのぼるガンダーラ平野に至る旅程だったため、穏やかで水も澄んだ上流の川の表情も眺めることができた。滔々《とうとう》とした大河の風格がある。

カラルコム山脈を望むガンダーラに辿りついた時、砂漠化した下流地帯から様相は一変し、そこには緑の草原、桃の花咲く集落、蔭をつくる大樹が目にやさしい、のびやかな風景が拡がっていた。紀元前アフガン峠を越えて西アジアに侵攻したアレキサンダー大王が、タキシラの都に三か月も滞在したといわれるのもうなずける。仏像がはじめて造られたのが、このガンダーラなのだ。この地に花開いたヘレニズム文化への期待、仏教美術への憧れは胸を高鳴らせた。


現在、ガンダーラ平野に仏教遺跡は相当数あるが、すべて廃墟である。まだ発掘されていないものもあるときく。気の遠くなる歳月が仏教興隆の証をすべて土に埋め、二十世紀になってやっと発掘されたものばかり。ストゥーパも仏像も、発掘品は博物館に収蔵され、僧院の遺構、都市の遺構などが今も往時の栄華を私たちに蘇らせてくれる。

一つずつ紹介する紙数はないが、そのなかでもタキシラのジュリアン僧院には、奉献されたたくさんのストゥーパが遺されていて、その基壇は仏陀と供養者の像で飾られた豪華なもの。二世紀には創建されたといわれるこの寺院の繁栄ぶりが想像できる。玄奘三蔵《げんじょうさんぞう》

も訪れたのではないだろうか。またスワート渓谷にあるタフト・イ・ハーイの僧院の遺構は見事で、仏像の納められた祠堂がいくつものこっている。ここからハーリティ像（鬼子母神）が発見されたことで、私には特に印象深かった。

同じスワートのプトカラ寺院には、巨大なストゥーパと、はずしのこされた石像がわずかだがのこり、奉献ストゥーパの基壇の装飾にはギリシャ建築のなごりをとどめるアカンサス文様とコリント式の柱がはっきりのこっていて、思わず嘆息が出た。

現存する石像などはそのほとんどがカラチ、ラホール、タキシラ、ペシャワールなどの各美術館に収蔵されている。丸彫り完形の仏陀、菩薩の石像、頭部、レリーフなど紀元一世紀から五、六世紀頃のものが多い。仏教美術を愛する人ならきっと目も心も奪われるにちがいない。なかでもペシャワールの収蔵品が質量ともに世界一といわれている。

大きな石像はそのまま館内の壁面に無雑作に置かれていて、そっと手を触れることができる。二千年前の仏像の石の肌はひんやりと滑らかで、私はただただうっとりするばかり。釈迦の前身であるシッダルタ王子の姿を写したものが菩薩形といわれているが、全く魅力的な男性像である。瑞々しい青年の、高貴な容貌、身を飾る細やかな装身具の彫刻、均整のとれた体軀に、流れるような深い衣褶《いしゅう》の着衣、がっしりと大地を踏みしめるサンダルをはいた太い足――どこから見ても写実的なギリシャ彫刻を見るようだ。菩薩とちがって仏陀の姿はシンプルで、覚者の瞑想の表現であり、高い精神性を感じさせる。しかし仏陀立像の足は常に裸足であることに改めて私は気づいた。旅から旅へと遊行を続ける修行者の姿こそ、仏陀釈迦の本来の姿と考えられていたのではないだろうか。

現在、回教共和国パキスタンに仏教徒はいない。偶像崇拝を禁止するイスラム教は、偶像には至って冷淡である。国民は仏像には何ら興味を示さない。しかし、だからこそ、博物館に生き続ける仏像たちは、美そのものであり、燦然《さんぜん》と輝いている思いがする。

(『日本の石仏』62号、一九九二年六月)

カイバル峠に立って――パキスタンの旅から

カイバル峠という山道に憧れをもったのはいつの頃からだろう。紀元前に西洋史に登場するアレキサンダー大王の東方遠征、七世紀の玄奘三蔵、中世の帝王チンギス・ハーンがこの峠を通ったことは有名で、シルクロードといえば思い出すのだから、ずいぶん昔からということになる。一度は行ってみたいと思い続けてきた。

写真で見るかぎり、殺風景な山の間を蛇行する埃っぽい山道の風景は、感嘆できる美しさなどではなかった。峠道の美しさでいうなら、日本の方がはるかに満足感がある。だから私の憧れは、紀元前から今日に至るまでの、気の遠くなる時の堆積に耐えぬいてきた道への、驚異と感慨にちがいない。

そして、この峠がパキスタンとアフガニスタンとの国境であることにいっそう心をさわがせるのだ。国境＝ボーダーラインを地続きにもたない日本人は、国境ということばにあまり敏感ではない。島国であることの歴史がそうさせているのだけれど、「この川が何々県と何々県の県境です」という標識を見ても、ああそうか、で終わってしまうのとはちょっとわけがちがう。異民族が異なった国家形態をもち、言語も文化も習慣もちがう人間を、一本の境界線が分断しているという意識は、幸か不幸か私にも実感できない。しかし、ボーダーラインのもつ厳しさと複雑さは、諸外国を旅してみて強く印象に残っている。

カイバル峠も、一九七九年の暮れに起きたソ連軍のアフガン進攻により、両国間の長い国境線警備のためか、峠を越えてアフガンに入ることも、ましてや外国人旅行者が訪れることは不可能だった。

カイバル峠に立ってみたいと思い続けていた私は、ガンダーラ平野の遺跡と仏教美術に熱烈な思いを抱きながらも、時機の到来をひそかに待っていた。ソ連がアフガンから手をひいた時、あるいは、という思いがよぎった。一九九一年三月、旅行者もカイバル峠までついに行けるようになった。ガンダーラのヘレニズム文化を見学して、なおかつカイバル峠まで行けるツアーをA新聞で発見した時は、思わず胸がどよめいた。早速申し込んだけれど、なかなか実施に至らなかったのは、私が思うほどガンダーラやカイバル峠の魅力は一般的でなかったのかもしれない。あるいはパキスタンが物騒な国という印象をもたせるのかもしれなかった。

たしかにカイバル峠の観光も手間がかかった。政府機関に出向いてパスポートを提示し、許可証をもらう。待たされること一時間、ほどなく銃を持った護衛兵がバスに乗りこんでくる。それだけ慎重にならざるを得ない地域なのだろう。ダッラという銃砲を製造し、販売している町も近くにあるのだから。そこはアフガンゲリラがお得意さんのようだ。

北面辺境州の州都ペシャワールはカイバル峠の麓に拡がるシルクロードの丁字路、国境の町だ。多くの隊商や旅人が通過したこの町のふんいきは、雑然とした活気に溢れていたが、それぞれの民族が背負ってきた永い歳月の重さ、暗さをも感じさせるものがあった。この町から峠の入口ジャムロードの砦まで一八キロ、ここからアフガンとの国境沿いに住むパターン人のトライバル・テリトリー（部族地区）になる。もともと彼等は両国の国境にまたがって住んでいた山岳民族で、勇猛果敢な人種といわれ、彫りの深い精悍な風貌をしている。彼等は部族の掟による自治で生活し、国の法律は適用されない。パターン人に限って自由に国境の往来が許され、商売もしている。

パターン人の住居はまるで砦のよう。高い土塀の所々に銃眼とおぼしき穴があいている。うっかり女性にカメラを向けたりしたら、どこから弾丸がとんでくるかもしれないともきく。反対側にアフガン難民のテント村が、泥色の大地にへばりついている光景は全く対照的だ。難民の増加がこの国の経済を圧迫していることも事実であり、四方を外国に囲まれているため防衛費が国の予算の七五パーセントを占めているのも、胸にずしりと応える。

文盲率六七パーセントの貧しい国だけれど、子供たちの笑顔は実に愛らしい。

道の両側は草木のない荒々しい肌むき出しの岩山ばかり。大地も土色に乾燥した荒涼たる風景の中を、登り道はうねうねと続く。

やっと展望地点に降り立った。眼下に国境の地点が望まれた。双眼鏡に眼を凝らすと、こんもりした濃緑の木立にかこまれた集落が見え、その向こうに青々とした大地が続いている。あそこがアフガンか——。

振り返ってみると、U字形に切りこまれた麓の町は紫色に煙って見え、アレキサンダーロードと呼ばれる細い古道が山肌を取りまいていた。

頬をすぎる風は冷たい。この峠で両国の風がぶつかり合っている。いつかこの峠を下って、ヘレニズム文化の西端バーミヤンまで行ける日がくるだろうかと、遥かなアフガンを望みながら風に吹かれていた。

（「埼玉新聞」、一九九二年四月）

Ⅲ　中国

雲南へ――西双版納《シーサンパンナ》の少数民族を訪ねて

シュロの並木を中庭にした、南国情緒の漂う版納《パンナ》賓館。その庭に面した簡素な部屋の、きしきしと遠慮がちな音を立てる寝台に腰をおろした。天井には円筒型の白い蚊帳が取りつけられ、鮮やかな花柄の骨董的琺瑯《ほうろう》魔法壜が目につく。

雲南と書いて〝ゆんなん〟と発音するそのやさしい響きに誘われ、少女の頃きいた桃源郷ということばに憧れ、そして日本民族のルーツを探しに、日本を発ったのは三月の末。通算三七〇〇キロの長い旅路だった。成田から上海へ、上海から三時間の飛行で雲南省の省都昆明《クンミン》へ、昆明から更に南西に下る思茅《スーマオ》まで古ぼけたプロペラ機で一時間。標高一五〇〇メートルの山中にある静かな街思茅でバスに乗りかえ、西双版納と呼ばれる雲南省最南端、傣《ダイ》族自治州の州都景洪《ジンホン》まで、蛇行する亜熱帯の山道を揺られゆられて六時間。星座のうみへび座の線をなぞりながらの旅といった感じがする。(現在は上海から直行便がある。)

地図を眺めると、中国大陸は翼を広げた巨鳥の姿に見える。その嘴のあたりがミャンマー、ラオス、ベトナムと国境を接する地点に喰いこんでいて、西双版納はその最南だった。

上海から昆明へと機上から鳥瞰した雲南の大地、地形は、雲の南と書くある豊かさの想像とはちがって、白い岩肌をむき出した石灰岩の山々と赤褐色の不毛の大地が複雑に交錯し、それが延々と続く風景だった。その間に散在する平地や丘陵は隈なく耕され、植林もされていて、そこにだけ人の意志が存在していた。その構図は点描画の美しさだった。

景洪は標高五〇〇メートルの傣族自治州の中心地であり、街は大きくないが瀾滄江《ランツァンジャン》(メコン河の上流)に沿った南国的ふんいきをもつ緑の多い街である。西双版納は傣語で「十二村田《シップソンパンナ》」つまり十二の稲田に囲まれた集落という意味だそうだ。傣族は古くから水田を作った生粋の農民で、日本の封建時代と同じように領主がおり、十二の藩を統治する傣族の小国家がここにあったことを意味している。自治州人口四十万のうち三十万が傣族というから少数民族といっても勢いがちがう。その他に傣族の支配下にあった哈尼《ハニ》族、拉祜《ラフ》族、布朗《プーラン》族などの村落が山間の辺地に散在している。

景洪で私たちを哈尼族、傣族の集落へ案内してくれた女性ガイドの揚さんは、傣族の出身だった。傣族は富裕な人も多いから高度な教育を受けた人もいるときく。この旅には上海から漢民族の男性ガイド劉さんがついていて、彼が揚さんのことばを通訳して日本語で説明するという手間がかかる。幸運なことに二十三歳の彼女は、北京漢話も英語も少し話せる人だった。その容姿は日本の若い女性と少しも変わらない。華奢な体を水色の長い巻きスカートの民族衣装に包み、はにかんだ微笑を浮かべていた。彼女は少数民族について実にさまざまな知識をもっていて、それらを伝えようと熱心に話してくれた。

一時間ほど中心地から南下した山あいの哈尼族の村で、私は思わず感嘆の声をあげた。緑樹の間に、草葺き切妻造り、高床式の焦茶色の住居群を目にした時だ。何と懐かしい風景だろうと胸がときめいた。そのうえ、どこの家にも屋根の棟木の両端に、木製で牛の角をデザインしたとみられるものが飾られていて、日本の古代住居の千木《ちぎ》を思わせた。

二階に人が住み、下は家畜とか穀物の倉庫だが、礎石の上にしっかりした柱が立っている。壁は竹垣で作られていた。家の中を見せてもらった。母屋の両側に狭い木の梯子が立てかけてあり、左側が男性、右側を女性が使って二階に上がる。真暗で何も見えない。ようやく闇になれてきた目で見回すと、部屋は真ん中で仕切られていた。男女は別々の部屋で暮らすのだという。いろりがそれぞれあって、ゴトクと鉄瓶、もえさしの木が黒く残っていた。どうして高床式に火所を作ることができるのだろうと、今もって不思議である。

二階の入口に続いて竹でできた一坪ほどのバルコニーがあり、黒い服に銀やアルミの装飾をつけた民族服の女や子供が、そこで糸繰りなどの手作業をしていた。男たちは焼畑に出ているのかどこにも姿がなかった。

もう一つ気づいたのは、各家の前とか横に小さな小屋があったこと。花房《ホアファン》と呼ぶ別小屋だそうだ。「そこは若い男女が愛を語るところ……」と劉さんは嬉しそうに言った。現在、哈尼族は父系制の家族形態だが、未婚男女の交際は全く自由で、古代日本人の歌垣に比定される祝日の行事を「耶苦紫《イエクチャ》」といって、農暦六月二十四日前後に行なわれる。既婚未婚に拘らず、男女がみな自由に参加できる。この時、男女が山林の中で問答式に歌のかけ合いをするそうで、哈尼族の人たちは音楽好き、歌も踊りもとても上手だと揚さんが言う。

哈尼族は結婚しても女は夫方の家に住まない習慣が今も残っていて、子供ができてからはじめて男方が人を遣わして呼び寄せる。男女が別々の部屋で寝るのは、現在も妻問い婚が行なわれているからなのではないだろうか。「つまどい」という日本語を話したら漢族の劉さんは「串姑娘」と書いて、これが「つまどい」の意味をもつのだという。「串」には馴れ親しむ、気脈を通じ合う、ぐるになる、という意味があると後で知った。

次に訪れた傣族の集落は河川に臨んだところにあり、村全体が明るい印象だった。村の入口あたり、大きな菩提樹の下に、ままごとのお店屋さんのような露店があって、若い女が飲物や駄菓子などを売っている光景はとてものどかで愛らしかった。

田圃に丈の低い稲の穂が風に揺れていた。水を大事にして、村の中心にある井戸には極彩色の塔が建てられ、水の精霊が祀られている。住居は切妻の高床式でどっしりと大きく、サボテンの垣根に囲まれていた。狭い梯子を上がると二階は居間と寝室、ベランダがあり、やはり大きないろりがあった。

屋根に千木はないが、棟の上にガラスとか鏡とか、よく光るものが立てられているのが面白い。魔除けなのだろう。傣族の宗教は上座部（小乗）仏教なので、祝祭日は仏教に関連しており、有名なのは潑水節《ポーシュイシ》という水かけ祭りだ。傣族の新年にあたる四月中旬で、この時期は各地からこの祭りを見るためにくる観光客が多く、今年は景洪に飛行場が新設された。青年男女が互いに水をかけ合い、招福を祈る行事も、かつては歌垣と同じような意味があったのではないかと、揚さんは言う。傣族は一夫一婦制だが、結婚後のある期間妻方で夫が生活する慣習が、新中国成立以前はまだ残っていたらしい、と若い彼女は説明した。そうした慣習も、解放後はずいぶん変わってきたときいた。

傣族の結婚式は二人を糸で結び、幸せを願う糸結びの儀礼だというが、もし夫婦が不和になって離婚する時は、一族の頭の同意を得て、夫婦が一緒に一枚の布を切って離婚手続き完了となるそうだ。「一枚の白い布を切って、ですって……」と私は驚いた。「瑶《ヤオ》族の離婚も糸とか竹とか刀で、一刀両断するときいていますよ」と彼女は言った。

民族にとって糸や布のもつ重みを再考させられる話だった。

（「いしゅたる」第11号、一九九一年春）

雲南・追想

最近の中国はすこぶる評判が悪い。傍若無人の国家というイメージすらある。私にとっての中国は石窟や石仏をとるだけでも素晴らしい文化遺産をもつ国であって、日本文化の源流だと思っている。四半世紀の間に十数回石窟や民族を主に中国各地を訪ねているが、経済発展とともに都市の変化はすさまじいものがあり、人びとの暮らしも拝金思想が蔓延していることを痛感する。しかし対極にある農村を見る限り、昔日の俤《おもかげ》が彷彿とするのはあまり変わっていないということで、貧しいといっても良さそうだ。私がはじめて中国の大地を踏んだのは雲南省、少数民族が特に多い緑豊かな穏かな地で、今の中国が報道されるたび、懐かしく思い出される場所である。

かつては秘境とされていたこの標高一九〇〇メートルの、亜熱帯の高原の風景は日本の風景に実によく似ていた。例えていえば九州の阿蘇山、ゆったりと大らかな起伏が連なり、そこは豊かな緑におおわれていた。普洱《プーアル》茶の一大産地でもあるので山の頂きに至るまで隈なくお茶が栽培され、焼畑農業を行なっているのか方々で山の斜面を焼く紫色の煙がうっすらと立ちのぼっていた。

山道を幾百曲りしただろう。夕陽を受けて鈍い輝きで横たわる瀾滄江《ランツァン》の向こうに、蜃気楼のように浮かび上がった西双版納の街並みを遥かに望んだ時、桃源郷ということばが不意に蘇った。情ないことだけれど私の中国に対する認識はきわめて貧しい。しかしこの遥かな旅を決意させたものは、少女の頃の不思議な印象と憧れにあった。

中国が支邦と呼ばれ、私が軍国少女であった時代、飛行機乗りだった父方の叔父がよく中国の話をしていた。重慶の爆撃、そしていずれ昆明も爆撃するだろうと言った。

ある日「雲南」という字を書いて「向うでは、〝ゆんなん〟と言うけれどやさしい名だね。あそこは桃源境だよ、実によいところだよ」。

雲南という名、桃源境ということばを記憶したのはその時がはじめてだった。大人の意味する桃源境がどういうものか子供の私にわかるはずもないが、中国といえば桃源境をイメージし、日本文化のルーツがあるといわれる〝ゆんなん〟と呼ぶ土地に憧れた。

旅の目的でもあった少数民族の哈尼《ハニ》族や傣《ダイ》族などの村落を訪ねた。切妻屋根で高床式の住居の集落は時が止まっているように静かだった。奇妙に懐かしい風景のなかで、小鳥が囀り、明るい緑の中に花々が咲き、小川では女たちが長い黒髪を洗ったり、洗濯をしたり、水牛も豚も犬も鶏もあひるも、ひとも、みんな一緒にゆったりと暮らしていた。

物質文明の落としものは何一つなく、かわりに赤茶色の大地に生きものの排泄物が散乱していた。しかしそれも束の間、家畜の清掃屋がみんなきれいにしてくれる。排泄物が汚いと思いこんでいるのは文明に毒された私たちだけだ。

ここに身を置くと、生きものと、大地と、植物と、ひとが、ぐるぐると円を描いて巡っている様子がよくわかる。無秩序の秩序をもつ世界。桃源境はこういう世界のことなのだ。理想境とも仙境ともいう俗世間をはなれた別天地の表現というけれど、ひとが主役になるのではない大自然のなかのほんの一部分と考えることが桃源境を作ることなのかもしれない。精悍な風貌に似合わずやさしい心をもっていた叔父のことを思い出し、空から眺める〝ゆんなん〟の印象をきいてみたかった。

（『海の宮』7号、二〇一三年七月）

花嫁への幻想

中国の五大石窟を回った旅の最後に上海へ立ち寄った。現地の中年のガイド婦人がこう言った。

「この上海に日本からお嫁さん探しのツアーが度々来ます。日本の田舎ではお嫁さんがこない深刻な状況だそうですね」。流暢な日本語である。毎日日本人相手の会話で磨きがかかったという感じだ。

「でも一つもまとまったという話はききません。この間もF県のツアーがあって見合いをしましたけれど」。そう彼女は断言した。

今、上海の町は活気に満ちている。商店はみな国営、従業員は公務員だが、店内も街路も人がひしめいている。夕方になれば自動車が多くて幹線はすごい渋滞、バスも満員、自転車の人、バイクの人――町を眺めている限り、一昨年ここを訪れた時とは格段と活気が増した印象をうけた。ファッションも新しく、スリットの深いチャイナドレスの魅力的な女性も歩いている。人民服一色の過去のイメージは全くない。

「上海はどんどん変わっていきます。経済的に豊かになってきたし、今、中国は男女同権の社会です。女性も収入があるし、夢も大きく、強いです。今さら農村で土とともに生きるという女性は少なくなりました。それに日本の男性は四十代前後で、こちらは二十そこそこのピチピチギャル、まとまらないのが当たり前じゃないですか」。彼女の弁舌はさわやかで、説得力がある。

農村に限らず現代の結婚難はたしかに日本の抱える深刻な問題である。結婚相談所が大はやりなのもその現れだ。しかし問題を自国で解決できないからと、他国、それも同じアジアの民族だという貧困な発想で、その国の長い歴史や日本との関わり、現在の社会状況を深く知ろうともせず、安易に花嫁探しに出かけるのはどういうものだろう。ただ商業ベースにのせられてツアーに加わり、ひょっとしたら、うまくいったら、という儚《はかな》い望みに花嫁への幻想を託すのだとしたら何ともやるせない思いがする。また面白半分でというのだったら、相手国に失礼だし、品性がない。受け入れ側も、女性が真面目に結婚を考えてというより、自国の経済発展に協力しているにすぎない。結婚問題は物資の輸出入とは次元がちがう。花嫁探しの独身男性諸氏よ、自分はその国の女性に選ばれる人間だろうか、と一度よく考えてからツアーに参加してください。日本人の誇りをもって。

（「埼玉新聞」、一九九二年七月）

〝秘境九寨溝・黄龍への旅〟見たまま

この頃、旅好きの仲間の話題によくのぼるのは、中国四川省の世界自然遺産（一九九二年登録）である九寨溝《ジュウザイゴウ》（きゅうさいこう）、黄龍《ホワンロン》（こうりゅう）である。あんなに美しい自然が中国にはのこっているという認識が高まったようだ。最近は道路もよくなり、宿舎も完備しているという情報に心が動き、秘境をたずねるならできるだけ早くという思いで、九月初旬八日間のツアーに参加して成田を発った。「百聞は一見に如かず」はいわずもがなだが、私の印象を思いつくままご紹介しよう。

秘境をたずねて回遊一〇〇〇〇キロ

遠いいのひとこと。成田から上海経由で四川省の省都成都へ。ここからバスで出発。岷江の流れに逆らってひたすら北上、一路黄龍まで約五〇〇キロ、八時間余り。標高四〇〇〇メートルの峠越えをして三一〇〇メートルの黄龍に到着。黄龍、九寨溝間は一三〇キロ余り、二〇〇〇メートルの九寨溝着。帰路も四〇〇〇メートルの峠を越え、成都に戻るまで五〇〇キロ。ぐるりと五〇〇〇メートル級の山腹を巡って約一〇〇〇キロ余りをバスに乗った計算。東京から下関までの距離、空気の薄い山道をバスに揺られてたずねる土地はまさに秘境である。驚いたのは峠の舗装道路を竹箒で掃いている人がいたこと、また未整備道路ではいつ上から石が落ちてくるかとひやひやする悪路があり、この落差が今の中国か、と思った。

秘境は銀座通り

待望の秘境に立った。黄龍、九寨溝ともに四川省と甘粛省の境に連なる岷山山脈の山々に挟まれた深い谷あいで、標高二～三〇〇〇メートルの高地に拡がる自然保護地区。人跡未踏の原生林や幻想的な色彩をもった湖沼が一〇〇余り点在、湖沼をつなぐものは大小さまざまな滝やしぶきをあげて走る渓流、奇岩、樹容——。宇宙的自然とでも呼びたい大きさで拡がる景観は、日本では決して見られない。しかし視点を近く、目線を足元に移すと、あら不思議、蟻の群れの中に立っていた。

人、ひと、ヒトの大洪水である。あえて使うが大賑わいの銀座通りだ。しつらえられた細い桟道を観光客がひっきりなしにつながって歩く。天まで届くほどの蟻の行列に驚いた。急ぐ人は体を斜めにして追い越していく。うっかりすれば道脇に落ちる。バスの停留所、ビューポイントの空き地は人でごった返している。旅行者は中国本土の人たちのようで、外国人はほとんど見かけない。夏休みとあって、中国一の人気観光地となった九寨溝に連日押しかけてくる。観光バスが一〇〇台ほど駐車していた。凄いパワーを感じる。

当然、ホテルも国際的なものから民宿までたくさん、夜は民族ショーを見せる会場も満杯の盛況だった。

九寨溝はチベット族の居住地だった

急流に沿ってチベット族の九つの村落があったということから九寨溝というのだが、世界遺産に登録されてからチベット族の人たちは、政府の方針で別の土地に移動させられたときく。この美しい自然とともに、ひっそりと暮らしていたであろう人たちの思いはどうだったのか知りたいと思う。

拝金思想に染まった現在の中国では、住みなれた土地を離れることに躊躇する人はいないのだろうか。観光地になれば仕事にありつく可能性は高く、現に民族ショーの出演者たちは少数民族の青年男女で占められている。かつての集落にはチベット仏教の小さなお堂がいくつも建っていて、経文が書いてある旗が風に揺れている。そこにいるのは観光客ばかりだった。

九月でもみぞれが降る黄龍

黄龍の観光は九月初めというのにみぞれが降る寒い一日だった。入口から三六〇〇メートルの黄龍寺まで約四キロ、桟橋を歩く人の中には酸素ボンベを抱えている人もいる。登り始めると視界が開け、階段状になったコバルト色の池がつながっている。河床の石が黄色く、水流が龍のように見えるので黄龍という名称が付いたというが、その比喩はさすが龍の国中国だと感心する。

讃辞をまきたくてもそのゆとりがないのが真実で、重装備のまま寒さにふるえ、前日からおかしくなりだした高山病も重なって、潔《いさぎよ》く引き返した。

高山病にご要心

過去、インドのラダックとペルーのマチュピチュで高山病は経験ずみなのに、同じとは限らない、と強気で出発したのだが案の定、三〇〇〇メートルで頭痛が始まる。途中のコンビニで簡易酸素ボンベを二個調達したが、すぐに使い切ってしまい、ホテル備品の酸素まくらも役に立たず、ぐっと我慢の子であった。体質的に高地は無理と悟る。九寨溝の観光もビューポイントの上り下りが多くて、呼吸が苦しく体力が尽きそうだった。八十代で何ともない人、二十代でも動けない人とさまざまなので断定できないが、高地の観光には充分な配慮が必要だろう。三度目の辛さでやっと諦めがついた。

中国人は写真好き、そのうえ逞しい

広い中国大陸のあちこちから観光にきた人たちを眺めていると、男も女もとにかく賑やかだ。中国は良い時代になったのだろう。特に写真を撮られるのが好きで、至るところでポーズをとっている。とても日本人には真似できない成りきりようで、微笑ましいのを通り越す。人のいることなど眼中にないから撮影がすむまで待たされる。彼らと同じ度胸でマイペースにならない限り、この国の人と勝負はできそうもない。

魅せられる景観

どのような形容詞、比喩を並べても、偉大な景観を語り尽くすことはできない。写真であってもほんの一部分でしかないのだから。現場に身を置き、わが五感で感じとったものこそ私の景観論になるのだろう。

まずあげたいのは、「倒影の美しさ」だ。高い山、深い原生林に囲まれた湖沼は、湖面を横切る一直線の横軸を境に、上下が均等の影になる。滑らかな湖面にできる影はもはや影とは思えない。虚は実であり、実は虚である。虚と実の相違などないのではないか、万

華鏡の発想はここからではないのかと思った。

次に、「色の美しさ」とその純粋性だ。グラデーションのない根元的な色を見たと思う。他者が入りこめない厳しい色だ。

それから滝。落下しながら凄まじい渓流をつくる滝は見どころだ。私は「恐怖と恍惚の滝」と名付けたい。巨大なチューブから練り出される逞しい滝、薄絹を霞のように引きのばした柔らかな滝、白布をつらね堂々と迫りくる滝、どの滝に打たれても、生身は千条に砕かれて消滅するにちがいない。その恐怖と恍惚が九寨溝の滝の印象。

秘境はあこがれとしての存在

五感でふれるものすべてに、太古の原始をイメージさせる純粋なものがあって魅了されながら、私は別のことを考えていた。四季を通じてこの秘境を知ることができたとして、現代人はこの純粋性に耐えられるのだろうか、と。そこに長く留まりたいと願うだろうか。私は否である。すぐれた景観がひとの心に作用するものは何なのだろう。

秘境を感じたくてはるばるやってきたのに、人混みを見たから秘境ではない、と文句を言う観光客の浅はかなわがままを、私たちは反省しなければならない。なぜなら人のいる風景の中で育ったものは、人のいない風景には決してなじめないと思うからだ。たった一人でこの秘境に住むことはできない代わりに、秘境へのあこがれは増幅し、永続していくものなのかもしれない。

（「青渕」644号、二〇〇二年十二月）

Ⅳ　アメリカ・メキシコ・キューバ・スペイン・台湾

長かった一日

一九八一年六月十八日、午前十時。ロサンゼルス、バーバンクエアポート、パシフィック・ナショナル・エアラインの小さなカウンターの前で私と息子は泣き出したい気分になっていた。

予約航空券には十時発となっているグランド・キャニオン行直行便は、一時間前の九時にすでに出発してしまったというのである。

マサカ……、と何度も目を凝らして掲示板を見たが、この航空会社は一日一便だけである。L・Aからの直行便をもつ会社はきわめて少ないから、すぐさま乗り換えられる便などない。まして空港はロサンゼルスに三つもあって遠くへだたっている。腹が立つのと、絶望感とイヤな予感とで立ちすくんでしまった。憧れのグランド・キャニオンの映像がみるみる遠のいていく。インディアナ州コロンバスの町の高校に留学していた息子を訪ねて、はるばる日本からやってきた私の目的の一つは、太古の神秘を秘めたグランド・キャニオンを自分の目で見ることだったのに——。

航空会社の女子職員が鍵をカチャカチャさせながらやってきた。チケットを見せて「これはどういうわけなのか」と息子は詰めよった。彼女の方も時刻表を見せて、九時とちゃんと書いてある、このトラブルはうちの責任ではない、と強気だ。トラベル・エージェンシーのミスだと思うから、そっちに話をしてほしいという。押し問答をしていても飛行機が戻ってくるわけではないし、次の手を考えた方がよい。恨めしそうな顔付きの日本のおばさんが、じっと自分を見つめているのを気にしたのか、彼女は〝Ｖｅｒｙ ｓｏｒｒｙ〟と悲しそうな目を私たちに向けた。

息子は私に荷物を頼み、電話ボックスに入りこむと、旅行代理店との交渉を開始した。「あなたの指定した便は時間が違っていて乗れなかった。これは完全にあなたの方のミスである。これからどうしたらいいか、アレンジしてほしい」というわけなのだが、その交渉に延々二時間という時間がかかった。電話ボックスに坐りっきりの姿勢で彼は奮闘している。何としても今日中にグランド・キャニオンにつきたかった。ホテルも予約してあった。

こんなトラブルが起こった場合、アメリカの親切なところは、苦情処理機関があるということだ。毎日、二十四時間、料金不要で、どこからでも相談できる。西側のロサンゼルスから中西部のシカゴまで、何千キロのところを二時間も無料電話がかけられるなんて、やはりすごい国だナ、と感心する。何でも話し合いの国だから、簡単に謝って責任をのがれたり、理屈を嫌ったりはしないだけに、手間どってしまうのではないだろうか。

私はガランとした空港ビルの片隅で、荷物に腰をのせ、事のなりゆきを待っていた。たとえグランド・キャニオンが見られなくても、決して後悔はしないだろう、と思っていた。彼がこの事態を切り抜けようと真剣に努力している姿を見た時、ああ息子は成長したんだなァ、一人歩きできるようになったんだ、と思った。私が望んでいた姿が目の前にあると思うと、じわっと瞼の裏がふくらんできて目がプリズムのようになった。アメリカへ来てはじめてこぼした涙だった。

十七歳の少年は、目に見えぬ巨大なものに挑戦しているようなキラキラした目をして、受話器を握りしめていた。時々きこえにくいらしく眉根を寄せているのがガラス越しに見える。私たちの運命が受話器の中で作られるような錯覚に落ちた。こんな大げさなことを思うのも、アメリカは広いということを実感し、自分から進んで物事に当たらなければどうしようもない国、がわかってきたからだろう。

結論がでた。時計は十二時を指していた。エージェンシーが責任をとってアレンジした便は、二時十分発のウエスタン航空でフェニックスまで行き、乗りかえてグランド・キャニオンに行くものだった。それなら夕方四時半頃に目的地につく。私たちは再びL・A国際空港に舞い戻ることになった。朝の出発は空港が眺められるホテルだったからだ。

外は刺し貫かれそうな陽射しだった。タクシーにとび乗り、二十分ほどでバスターミナルにつき、そこから空港行きのリムジンバスに乗った。朝きた道をひき返すことの無念さで二人とも口をきく元気がない。国際空港とバーバンク空港はフリーウェイで一時間の距離がある。空港を確かめないととんだことになる、ときいてはいたがアメリカの広さを実感しないとわからないことだった。息子はタクシーでもバスでも領収書を受け取った。（エージェンシーが負担するものだから、後日送るという。）

一時半空港着、彼はすぐに指定されたアメリカンのカウンターへチケットを作って貰いにとんで行った。私はその間にウエスタンに荷物を預けた。それはグランド・キャニオンまで運ばれるはずだ。トランクとボストンバッグはスルスルとベルトコンベヤに乗ってすぐ見えなくなったが、肝心のツアーリーダーがなかなか現れない。時間は迫っている。二時十分発のウエスタンの掲示板はせわしなく点滅を繰り返している。動悸が烈しくなる。五分前、彼はチケットを片手に蒼白な顔で走ってきた。二人は搭乗ゲートまで走りに走った。何も目に入らなかった。

ゲートに辿りついた途端、機首が動くのが見えた。一分おそかった。ゲートの扉がパターンとしめられて係の女性が出てきた。

「もう駄目ですか。荷物が乗っているんです――」

「Ｏｈ ｖｅｒｙ ｓｏｒｒｙ――」

何と無情な言葉だったろう。口惜しさも極まった感で、胸の動悸がおさまらない。ツイてないなァーと彼は呟いた。

アメリカンのカウンターでは、エージェンシーから何もきいてないと言い、説明に手間どったのだそうだ。

彼は再びエージェンシーに電話をした。

「あなたの指示通りにしたが、チケットを切るのに手間どってヒコーキは出てしまった。荷物は今の便に乗っている。このあとどうしたらよいか――」

神経も体も疲れ切った感じだった。おまけに朝から何も食べていない。彼はねばり強く受け答えしているが、疲労の色がありありと表情に浮かんでいる。かわいそうに、と思ったが彼を頼るより仕方ない。

「五時五分発のウエスタンでフェニックスまで行ってほしい。そして明朝グランド・キャニオン行きに乗るように――」

「フェニックスのホテルはあなたが支払うのですね。ＯＫ。グランド・キャニオンのホテルの予約は変更しておいてください――」

「とにかくあなたが無事にカリフォルニアにつくまでは、当社の責任ですから必ずお世話いたします――」

この間約一時間。航空会社の予約を確かめながら、話を進行させているのだから時間がかかるのも無理はない。今回の係は女性で、彼が時々笑うのを見ると、やさしい人なのかもしれない。

結論が出ると二人とも椅子に深々と沈みこんだ。朝から大荷物をかかえて右往左往した記憶がどっと重なり、長い長い一日のように思える。ロサンゼルスの空港で旅の一日が終わるとは、考えてもみないことだったが、旅には予期せぬ出来事が必ずあることを彼は肝に銘じたようだった。彼にとってもアメリカ国内の旅ははじめての経験なのだった。


砂漠のオアシス、アリゾナ州の州都フェニックスの空港についたのは午後七時を少し回っていた。

陽が沈みかけて、赤い炎の色をした空が果てしなく拡がっていた。視界をさえぎるものは何一つない漠々とした空だ。外気は暑い。

エージェンシーが指定したホテル、グラナダロイヤルはスペイン風の中庭をもつ素敵な建物で、パーティがあるのか賑やかなマリアッチがきこえてくる。部屋も広々とゆったりしており、どっしりとした調度品が気分を落ちつかせてくれる。

「タダのところが旅行中最高だなんてネ――」高級ホテルに気をよくした息子が笑いながら喋っている。彼が笑顔を見せるようになったので私はほっとした。荷物はグランド・キャニオンの空港に保管されたときいた。私たちは着たきり雀の一夜をむかえた。汗になったシャツを着替えることもできず、シャワーを浴びると夕食に立った。

思いがけない寄り道をしてしまったわけだが、二人ともフェニックスの南国的なムードが気に入り、次第に旅の緊張感がほぐれてきた。ホテルのレストランで食べたビーフステーキのおいしさは抜群だった。こんなに柔らかな味の良いステーキは日本でも食べたことはない。付け合せのジャガイモが炭火でほっくり焼けていて、それを食べているうちに、いつのまにか機嫌が直っているのに気がついた。ろうそくの明かりでも、お互いに乾杯したビールで顔がほてっているのがわかる。バーからきこえるカントリー。中庭で奏でるマリアッチ。はるばると遠い異国での旅の夜。迷子もまたよきかな、と私には思えた。そして何よりも、ツイてない旅の一日の最後に、寛《くつろ》いだ夜を与えられたことがうれしかった。

明日はコーチーズという小さな航空会社のセスナで、グランド・キャニオンにとぶ。また不安が頭をもたげる。今度こそ三度目の正直、無事にグランド・キャニオンにつけますように、私たちは真顔で神様に祈った。

八月の初め一通の外国郵便を受け取った。差出人はＩＶＩトラベル・エージェンシーである。中に小切手が入っていた。十六ドル二十五セント。あの日のタクシーとバスの代金である。丁寧な謝罪文が同封されてあった。そして今度アメリカにこられたら是非ご連絡いただきたい。当社の旅行バッグを差し上げたい、これはきっとあなたに喜んでいただけると思う、とあった。

息子はその小切手を財布のなかにしまった。ぼくたちの記念品だね、と笑いながら――。

（一九八二年）

グランド・キャニオン（一）

みはるかす彼方に、忽然と出現したオレンジ色の岩山の連なりをわが目でとらえた時、私は一瞬小さな叫び声をあげていた。〝グランド・キャニオン！〟

落ちついた中年のパイロットが振り向いて、満足そうにうなずいた。乗客は私と息子とアメリカ人の中年女性と、このパイロットを含めてもたった四人である。

砂漠の町フェニックスを飛び立って約二時間、グランド・キャニオンに直行するプロペラ機はひたすら白茶けた砂漠の上を渡っていた。やわらかな緑におおわれた一点から、巨大な峡谷の一点を目指して。行けども行けども砂の海の上であった。飛んでいるという実感より、長い長い橋を渡っているような錯覚をもった。

ジェット機とちがってプロペラの小型機では、際限なく拡がっている砂の海がゆっくりと眺められた。点となったカクタスも、時たま現れる一つまみの建物も、広げた布を切り裂くようにして、ただ真直ぐに伸びている道路も、はっきりと見えた。

窓ガラスに顔を押しつけて、私は飽きるまで眼下の砂漠を眺めた。

砂漠だ、砂漠だ、と心がさわいでいた。本当はこの乾いた土のただなかを車で走りたかったのだが、限られた旅程では機会がない。アメリカの砂漠を一目見たい、という希望はたとえ空からでも叶えられたわけだから満足しよう、と思った。

私がアメリカに惹かれている最大の理由は、超文明国でありながら、太古の原始そのままの凄絶な自然を隣合せにもっているということだ。アメリカ大陸の宿命といってしまえばそれまでだけれど。

たった今も、私はこの目で見た。高層ビルの立ち並ぶ大都会を一歩ふみ出すと、そこには何百キロにわたって拡がる砂漠があった。人間を寄せつけぬ荒々しい自然だ。孜孜《しし》営営と文明を築きあげる人間を嘲笑うように茫々と拡がっている。最高、最大の文明を誇る大都市の陰の部分が巨大な未開であるということの不気味さ、奇怪さ。

文明と未開を包含しているアメリカという国の、計り知れない野性。アメリカの繁栄が私には野性への讃歌として目に映る。

アリゾナの砂漠を丸々二日バスで走ってテキサスまで旅した息子は、砂漠の旅は死ぬような思いだった、きつかったなァ、と喋り出した。

「地上で見ると景色なんてものじゃないよ、砂漠は。乾いた砂地にモニュメントのようなカクタスが突きささっているだけの、荒涼そのものという風景さ。三六〇度の地平線を見たのははじめて。地球は丸い、ということをはじめて実感したよ。

カメラを向けても枠に入るのは横に一本地平線だけ。どっちを向いても全く同じ構図なんて日本では想像できなかったナ。ミクロでもマクロでも無に等しい風景じゃ写真を撮ろうという意欲が湧かないし、絵をかくにしても描きようがないよ。

まだ空から見る方が趣きがあるね。まるでパイナップルの表面みたいに造型的だしね。それに地上で見るほど虚無的じゃない――。

砂漠に住んだら体も心も乾燥してきて、土と同化しちゃいそうだね。そんな恐怖をあそこでぼくは感じたよ。ぼくがウエットな日本人だからかしら？　アメリカ人のなかには砂漠ほど素晴らしいところはないって、進んでアリゾナに住む人もあるそうだけれど――。

ぼくははじめて見たアメリカの砂漠で、宗教って何だろう、って考えたことが一番印象に残っているよ――。」

その話の続きは今夜ゆっくりしましょうね、と私は彼をさえぎった。眼下の風景ががらりと様子を変えていたからだ。

いつのまに砂の海は姿を消したのだろう。

むき出しの荒々しい岩山が、途方もない広さで目前に拡がっていた。そしてそこは、オレンジ色の朝の陽を浴びてまばゆい輝きの中に微動だにしない。この山塊に打ち当たって、砂の海原はそこでやっと休息を与えられたかのようだ。

ふうーっと肩の力が抜けた。

再び新しい風景が始まった。断層を露わにした岩の壁が作る地球の亀裂であった。

「さあ、つきましたね」

息をつめて見知らぬ風景に見入っていた私の耳に、アメリカ人の小母さんの弾んだ声がとびこんだ。人なつこい微笑を私たちに向けて、彼女は「友人たちはすでに車でキャニオンに到着しているから、空港に出迎えているはずよ」と付け加えた。

白い歯並びがきれいな人だ。愛と夢という字を象嵌した小さなイヤリングをつけている。オリエンタル・ツアーに参加したこともあると言っていた。このかわいい小母さんと私たちは空港で別れた。「Have a nice trip」パイロットがさわやかに挨拶した。

グランド・キャニオンの空港は、田舎の小学校の校庭に、高原のロッジを付け足したような小さくて鄙《ひな》びた飛行場である。そこには、運動場の隅にこっそり置き忘れられた子供の玩具、といった具合に、観光用のセスナ機が翼を休めて並んでいた。

赤とんぼがとび交いそうな澄んだ空気だ。しかし陽射しは針のように痛い。

かねがねアメリカに行くことができたら、ぜひともグランド・キャニオンを見てこようと思っていた。アメリカの大自然に憧れていた私は、もちろんそのほかの西部の砂漠や、ソルトレーク、デスバレーなどの魅力的なところにも行ってみたかったが、何分にも広すぎて短い滞在ではどうしようもない。

なぜグランド・キャニオンなのか？ と問われると返事に困るのだが、以前読んだ小説のなかにでてくる、この大渓谷の描写の数行が忘れられなかったようである。

「光の移動で刻々と変化しながら、渓谷を染めあげる七色の色彩の神秘――」その印象のとりこになって、私は自分勝手なイメージを創りあげていた。

渓谷ということばから深い谷底を想定した。地底のようなその谷底に、断崖に演出される神秘な色彩の交響楽を鑑賞する自分を置いた。

コテージ風なホテルの調度品までも脳裏に描いて結構その想像を楽しんだ。私がそこでアメリカの野性について考えるだろうことも想像した。

グランド・キャニオンはあまりにも有名な観光地だから、写真やテレビでその景観を見る機会はしばしばあった。それなのに、私の心に定着した谷底のイメージは容易に変えられなかった。自分の五感で確かめなければ納得できない厄介な性分が、ますますグランド・キャニオンへの夢をかきたてたのだろう。

いつの場合も想像と現実はくいちがっているけれど、そのくいちがいを確かめることもおもしろい。何であれ、想像と現実の落差のなかに人それぞれの経験や人生が投影されているようなものだから――。

私の乏しい体験では、グランド・キャニオンの壮大さ、豪華さを想像することはできなかった。峡谷といえば九州の耶馬渓や北海道の層雲峡、各地に散在する〇〇渓谷のたぐいしか知らなかった私が、台湾を旅してタロコ渓谷の景観に度肝を抜かれた。渓の深さが想像をこえていた。その経験を基にしても、グランド・キャニオンの巨大さは導き出されてはこない。箱庭のような景観しかもたない日本の風景を見なれた目には、何十キロ走っても同じ情景、という大陸の広大さが空恐ろしいものに思えてくる。

それと反対に、アメリカ人が日本を旅したら、あまりの小ささ、愛らしさにたまげるのではないかしら。ガリバーの心境になったとしてもおかしくないと思う。

（一九九二年）

グランド・キャニオン（二）

グランド・キャニオンは空から眺めると、平べったく拡がった大地にギザギザの黒い亀裂が鋭く入っているように見えた。

ちょうど干菓子の落雁を、両手に持って半分に割ろうとすると、メリメリと鈍い手応えがあって不規則なヒビ割れができる、そんな感じの地球の裂け目とでもいおうか。

「ある日、地球にふり落とされた神の帯、っていうのはどう?」

私が言うと、

「そうだね、ミシシッピーの形容詞ならぴったりだけど。ぼくだったら、勇猛果敢な巨人モグラの軌跡、ってとこかな」

息子が答えた。

大地に喰いこんだ亀裂の、色の違う断層が幾重にも重なって、美しい横縞模様を作っている。真横に真横にと視線が動かされるので、呼吸をするたびに胸が横にひっぱられていくようだ。今度は息子が叫んだ。

「まるでパイ皮で作ったバームクーヘンみたい――」

ロッキー山脈から流れ出るコロラド川の、一万年にも及ぶ浸食作用によって作り出されたというこのグランド・キャニオンは、峡谷の長さ全長三五〇キロというのだから、東京から名古屋あたりまでこのメリメリと入りくんだ割れ目は続いていることになる。

そのうち一七〇キロが国立公園に入っているとすると、東京から静岡あたりまでは同じような景観が続くわけだ。峡谷の幅は狭いところで六・五キロ、広いところは二九キロ、これまた日本でなら小さな町の一つくらい入ってしまう。深さは一三〇〇メートルから一七〇〇メートルというから、奥武蔵の山なみは一息にドボンと沈んでしまうだろう。

恐ろしい大きさである。日本にいては大きさの概念が全く違う。巨大な、壮大な、広大な、という形容詞がやっと理解できた。

グランド・キャニオンには世界中の国々から観光客が集まってくる。六・七・八月はピークのシーズンだという。飛行機で来るのは八〇パーセント日本人、それも日帰りだときいた。アメリカ人は、バケーションを利用しての民族大移動的なファミリー・グループが目立つ。ほとんどがキャンピング・カーに食料品などを満載して賑やかに到着する。

ここは国立公園なので、広い地域に旅行者のための施設は完備され、管理も行き届いていた。

私たちのホテルは（正確にいえばモーター・ロッジ）、この公園の中心地に近い松林の中にあった。丸太作りの山小屋風の建物である。両隣とも家族連れらしく、ベッドの上に人形やおもちゃが散らかっているのが覗き見えた。小鳥がしきりに囀っている。部屋の中は思ったより暑かった。冷房をかけようとフロントにきいてみると、冷房はない、とあっさり言われた。不思議に思って通りがかったルームボーイに確かめると、部屋のなかの器具は暖房だという。

日中の気温はたしかに三〇度を越している。これで夜になると五度に下がってしまうというのだから、この変化の激しさも日本では味わえない。道理で冷房は必要ないのだろう。

暑い日中は涼しい風の吹く日蔭にいればすむことなのだ。

松林のなかにいる限り、日本の軽井沢や高原リゾートのふんいきとさしてちがわない。だが数分外に向かって歩き出せば、谷にぶつかる。果てしない谷、谷、谷の眺望が眼下に拡がる。

すぐ目の下にグワーッと口を開けている谷をはじめてのぞき見た時、そして谷の続く彼方を遙かに見渡した時、私はその景観の雄大さに心底たまげた。谷底から吹き上がってくる風は欲望を抑えた動物の唸り声のようにきこえた。

浸触された岩山は三角錐あるいは角錐に造型されて、るいるいと谷を埋めつくしている。スフィンクスを何百と置いた光景とでもいおうか。陽が当たったところはまばゆいばかり黄金色に輝き、蔭になった部分は深い藍色に沈黙している。この冷たい蔭が岩山を立体化し、黄金色をますます際立たせていた。陽が映え、陽が翳り、谷を移り、岩山を変え――まるで光と影の追いかけごっこのような峡谷。ここだけは神々の庭、とでもいいたい自由奔放さ。

「あれがコロラド河ですよ――」

隣に立った金髪の青年が、遙か彼方を指さした。涙のように小さくキラリと光る点が見える。この峡谷の谷底に降りていくのには一日がかりの行程だという。水と食料をもって、健脚でないと駄目ですね、と彼は言った。私の想像は見事に外れた。谷底に立って空を見上げるなんてことはできないのだ。私の日本的発想がおかしかった。

私たちはほとんど一日中谷を見て過ごした。キャニオン見物のバスに乗ったり、展望台に立ってみたり、じっと坐って眺めていたり、写真を撮ったりした。背景が大きすぎて、レンズの枠に入るのはいくつかの岩にすぎない。

「それでも砂漠より立体的だからいいよ」と息子はあきらめ顔で言う。

レンズに入りきらない風景、何一つ切り取ることのできない風景にカメラを向ける空しさをはじめて味わった。風景を鑑賞する目を根底から変えなければいけない。

峡谷から目を離して、私は日本の風景を脳裏によみがえらせた。ここに来てからずっと考えていたことがあった。

私ははじめ、峡谷の景観の雄大さに感動した。しかし雄大、ということは単調、ということでもある。砂漠にしろ峡谷にしろ、その風景は最大級に雄大ではあったが、その雄大さに目が馴れてしまえば、心も馴れてしまう。人はいつまでも雄大さにのみ酔いしれてはいない。

風景のもっている魅力が、大自然の犯しがたい神秘性にあればあるほど、風景は人から遠ざかる。

人の心の常として、私たちははじめての風景に接すると何らかの感情移入をしようとしてあせる。巨大な原始に対してそれはまず不可能に近いことなのだけれど。

グランド・キャニオンは、今までにどれだけの人たちの視線、好奇に満ちた鋭い視線に睨《ね》め回されてきただろう。しかし風と光によってその姿を変えられることはあっても、人間の視線などには屈しなかった。頑としてそっけなかった。また永い年月の、集まればどよめきにもなろう驚嘆の呟きにも耳をかさなかった。冷酷に沈黙した。どこにも、ささやかに甘い人間の感情を受け入れる面はないのだ。まるで神に対する絶対の存在のようだ。絶対を包含しているからこそ雄大なのであり、またそれゆえに単調なのである。

これは、アメリカの都市にいてさえふっと感じる単調な感覚と無関係ではなさそうである。多くの巨大で単調なものと向き合って、日々の営みを続けているアメリカ人と、またアメリカという国の精神風土と、それはどう関わっているのだろうか。そう考えることはたぶん私が、アメリカになれていないせいであろう。一キロ見ても一〇キロ見ても一〇〇キロ見ても同じ、どこを切り取っても同一画面になるというような風景に、である。知らず知らずに変化を求めている日本人の根性がその本音かもしれない。

アメリカの風景と日本の風景とは全く異質である。小さな島国と大陸とではこうもちがうものかと驚く。

日本の風景の特色は、大勢の視線に睨め回されているうちに、微妙に変化していくことだ。シーズン中に有名な観光地を訪れてみればわかることだが、風景は不思議なほど似通っており、いわば優等生、模範生なのだ。もともと日本人の美意識から選び出された観光地であってみれば、それはごく当然のことかもしれない。

観客におもねる、とでもいおうか。風景の方が人に近付いてくるのだ。愛想がいいのである。悪くいえばいじりまわされて角がとれた人間のような卑屈さがある。そのうえ日本の風景は、風景自身が演出家になってしまうところがある。

富士山が見えたり隠れたり、松の枝一本もその身のふり方に思案し、湖は観客が立つ場所によってその姿をかえ、お寺の塔は山裾に見え隠れし、時折、音もなく花を散らせ——というように、細やかな変化で成り立っている風景なのだ。だから日本人は、たやすく風景に感情移入ができるのである。そして風景は、人間の目に愛撫され続けるうちに月並な絵葉書になり下がる。この意味から考えるなら、日本の風景は日本の人が長い年月をかけて作り上げたものといえそうである。

人間が作る風景と神が作る風景、とでもいうような決定的なちがいを、私はグランド・キャニオンに立ってみて感じたのだ。

少なくともグランド・キャニオンはその巨大さによって、人間の手の入りこむ余地を与えなかった、といえるのだろう。そこは絶対唯一の神の存在を肯定することはできても、わが国の八百万の神々を想定することはとうてい不可能であった。

この公園の中心地にあるホテル、ブライト・エンジェルの掲示板には毎日、日の出、日の入の時刻が記入される。グランド・キャニオンのハイライトはサンセットにあるというので、日没時間には公園内の宿泊地から続々と人が集まってくる。展望場所がいくつもあって、公園内を無料バスが絶えず走っているから気に入ったところで降りればよい。

「七時四〇分」がその日の日没時間であった。

谷を吹き渡る風はすでに冷たい。刻一刻と蔭の部分が増してくる谷間。人々の表情が定かではなくなる。岩山の頂きは一本の横線になってつながっていて、これがこの峡谷の大きな特徴なのだろうが、まるで地平線と同じなのだ。地平線というより私には水平線のように感じられて、海上で日没を眺めている気持ちになった。その地平線、いや稜線に向かって、電線の上の雀のように一列に並んだ人たちは、みんな無言で陽の落ちるのを見つめている。風の声がだんだん不機嫌になってきた。

インド人、ドイツ人、オランダ人、イギリス人、アメリカ人、インディアン、韓国人、日本人、私のまわりも民族の見本市になっている。みんなどんなことを考えているのかきいて回りたい誘惑にかられた。彼等の胸に下がっているのは例外なく日本製のカメラである。もしかすると近所の小母さんがパートに出ている工場で磨かれたレンズかもしれない。そうであってほしいとしきりに思ったりした。

真っ赤に燃えている地形の端が、鋭い直線にふれたとみる間に、ズンズン滑り落ちていくさまは、地平線の下で何物かの強い掌が、火の玉を掴んだとさえ思わせた。

陽は完全に姿を落とした。残光が西の空を茜色に染め、それが紫色に移り変わる頃には、谷の風景は一転していた。太古の闇が谷底から立ちのぼり、じわじわと岩山を取りまきながら地上にはい上がってきた。原始の風の声がする。魂まで奪われそうな悲痛な唸り声だ。

無言の人たちの表情は落魄のさすらい人のようで、何か大切なものを落としてしまった人の後姿に似ている。誰もが帰りを急ぎ始める。あれほど期待を胸に抱いて集まってきた人たちとは別人のようだ。みんな擦り寄ってくる闇が恐ろしいのにちがいない。

「お母さん、急ごうよ――」息子の声がする。

落葉が掃き寄せられるようにして私もまた人影を探している。

（一九九二年）

メキシコの旅から——石の呪縛

三週間のメキシコの旅から帰って、日本の寺院、路傍の石仏を目にした時、〝ああ、これが日本なんだな、ふるさとなんだな〟という感慨がこみあげた。たった三週間である。大げさなとも思うのだが、やっと石の呪縛から解き放たれた、と思った。

昭和五十四年、たしか日本航空のメキシコ直行便が就航したのを機会に、神秘のベールに包まれたマヤ文明の、石造美術や石の神々を垣間見ようと遺跡をかけめぐったことがある。

メキシコのはじめての印象は、やはりカルチャーショックで、特にラテンアメリカ、メキシコ人の精神風土、死生観などに強い興味をもった。今回はメキシコシティを足場にして、余裕をもって見学することができたため、どこの遺跡もかけ足はしなかった。

シティを中心としてテオティワカン、ソチカルコ、トゥーラ、そして市の中心部に最近発掘されたアステカ神殿の遺跡テンプロ・マヨール、あとはユカタン半島のマヤ遺跡、パレンケ、ウシュマル、チチェン・イッツァ、トゥルム、と観光の代表にもなっているところを再訪した。

一〇年前とはちがってユカタンの遺跡群は整備や補修が進み、資料館なども併設されて快適な環境になっていた。夜間にはピラミッドに照明があてられ、光と音のショーを演出するようにもなった。世界中から観光客が集まってくるので、ガイドも多様だ。英語、スペイン語、ドイツ語、イタリア語などが遺跡内に交錯している。

メキシコ全土には一万一千をこえる遺跡があるそうだが、発見されたのはごくわずかで、まだ大半が密林のなかに埋もれたままだという。それを考えただけでも、マヤ・アステカ文明がどれほど広範囲にわたって繁栄を誇り、神殿を中心とした石の文化を築き上げたかが想像できるだろう。

マヤ古典期文明といわれるものは、三世紀から十世紀初頭にかけての六〇〇年間、マヤ低地の森林地帯各地に繁栄した。特に八世紀後半から九世紀にかけては爆発的な活動期をむかえるが、十世紀初頭に急速に滅んでいく。マヤの民は、ある日いっせいに神殿も町も放棄して、姿を消してしまう。突然のこの崩壊は、マヤの歴史の最も謎に満ちた現象として、議論と研究の対象になったが、未だに充分な説明はなされていない（これは九世紀から十二世紀にかけて栄えたクメール王朝、壮大かつ優美なアンコールの遺跡とよく似ている。ある日忽然とクメールの民が都を捨て、姿を消して以来、遺跡は長い歳月密林の中に眠り続けていたという）。

メキシコ高原中央部には、テオティワカン、モンテ・アルパン、マヤの諸都市が栄えていたが、それらのほとんどの都市が滅び去ったあと、その後に登場したトルテカ族がトゥーラに都を築いた。二〇〇年に及ぶ繁栄を極めたのち、それも衰退。十四世紀になってアステカ族がメキシコ盆地の覇者となる。一五一九年、エルナン・コルテスのひきいるスペインの新大陸征服の野望者たちが上陸し、湖上の島に築かれたアステカ帝国を攻略、二年間の激しい戦いでスペイン軍は徹底的に破壊を繰り返し、メキシコ最後の帝国アステカは一五二一年滅び去り、スペインの統治時代に入った。

メキシコの歴史を概略でもつかんでいないと、マヤ・アステカ文明を理解できないので書いてみたが、実際は複雑に都市国家が興亡を繰り返している。しかし基本的なものは先ず石の文化だということ。トウモロコシ農耕を基盤とした民族であることから、アニミズム、トーテミズムが基になり、太陽の神、雨の神、稲妻の神、トウモロコシの神、死の神、蛇、ジャガー、鷲などを信仰の対象としている。それらの神々を祀る神殿が、当時の都市国家の中心であった。


遺跡はほとんどがモザイク状に石を積み上げてピラミッドを造り、頂点に神殿を置く。

あるいは基壇を積み上げて宮殿、僧院、球戯場その他を造る。その壁面には、生産に関わる雨の神チャック、羽毛をつけた蛇ケツァルコアトル、ジャガー、あるいは戦士の像など、彫りの深いレリーフが装飾に施されている。現在はすでに剥落しているが、往時は漆喰を塗った上に彩色されていたわけだから、白色が太陽にまぶしく照り輝いた壮麗な聖域だったのだろう。

遺跡が往時のように復元されていて、樹海の中に白く輝く威容を見せているのだったら、あるいは現代建築を見る感性で接せられたかもしれない。しかし現在の遺跡は廃墟であり、現代のメキシコ人との関わりは全くない。一千年もの歳月、るいるいと積み上げられ、熱帯の光と風に晒され続けたさび色の石の塊は、私にはどっかりと重い。

マヤの遺跡が規模のちがいはあっても、同じ姿で厳然とそこにあることに、私は耐えられない思いがしてくる。年齢のせいもあるのかと、ふと思ったが、この疲労感は今まで感じたことのないものだった。石の重量感、石の永続性、石にこもる執拗な執念、象徴された権力……。すべてが、ひとの心を寄せつけない力で迫ってくる。

今度の旅くらい日本を恋しく思ったことはない。日本の仏像に無性に会いたかった。あの柔らかな木の感触が伝わってくる木彫物、ひとの心を吸いとる容れもののようなお像、そして木の寺院——木の文化の中で育った日本人の心の風土を、私も強くもっているのだと思う。神殿の階《きざはし》に腰をおろし、はるかに拡がる緑濃い樹海を眺めながら、疲れた身心に思い描くのは日本の仏たちの姿だった。

もう一つ心を重くしてしまう元凶は、マヤ・アステカ文明がもつ人身供犠《いけにえ》の儀礼だった。太陽が世界の中心であり、その太陽に活力を与えなければ、穀物は生育しない。太陽をたえまなく運行させるために、人間の心臓を神に捧げる使命を全うする、という宗教理念が、アステカ滅亡まで続いたことは事実だ。この儀礼を野蛮とか残虐とかのことばで片付けることはできないけれど、日本人の感覚からはまことに遠い。神殿には、いけにえの心臓を置いたというチャック・モール像があり、国立人類学博物館には、いけにえの石製容器の大小が精緻な彫刻を施されて並んでいたし、犠牲者の胸を黒曜石の刃物で切り裂き、心臓をつかみ出す時のための台石などがたくさん陳列されていた。今回は博物館に二日間通い、ほとんどが石製の発掘品をじっくり見てきたので、よけい石の呪縛にかかってしまったのかもしれない。

神の機嫌をそこねないように、と荒ぶる神をなだめすかす信仰儀礼は、古くから日本にもあるが、人身供犠は行なわなかっただろう。この生々《なまなま》しい人身供犠の解説はどこの遺跡

でもきかされた。現代のメキシコ人がこれについてどう思っているのか知りたくて、ガイド氏に尋ねたら、

「ではあなた方は日本人の古代の殉死、あるいは切腹の慣習をどう思っているのですか？」

と反対にきかれてしまった。すべては時代の所産であったと考えるべきことなのだろう。

ウシュマル遺跡で「総督の館」と名付けられた優雅なたたずまいの建物の階段下、中庭といったところに、半壊の巨大なリンガが大地に突きささっていた。これだけ遺跡に石造物が氾濫していても、リンガを見たのはこの遺跡だけだった。小ぶりなものを資料館で一つ見た時は、おや、と目を見張ったが、ガイド氏はもの凄く大きいのがもう一つあるからとここへ案内してくれた。リンガはヒンドゥーのものとちがって直立するものではなく、四五度の角度で大地に突きささっているのだそうだ。マヤ人は大地を女性と考えていたという。リンガの向こうに一身双頭のジャガーが壇上に置かれているが、左が雄、右が雌の交合像である。この場所で何か重要な儀式が行なわれたのではないか。たとえば処女をいけにえにするというような……と、マヤ人の末裔のような顔をしたガイド氏が言った。この人はミドルネームにマヤ姓を入れているという。なかなか誇り高い男のようだった。これを見てもリンガの考え方は民族・宗教によってさまざまなのだろう。

日本人は石に対する信仰を古くからもっているけれど、それは石に秘められた霊性に感応しての行為のように思える。石あるいは岩も自然の一部であり、神や仏の宿るものとして受け入れたのだろう。私たちに親しい石仏もまた、その延長にほかならない。木と同じ次元で石仏に対している日本人は、堅い石にすら、柔軟な思考を投影することができる。それはたぶん、日本の概して温暖な気候、仏教的な精神風土、融通無碍《ゆうずうむげ》な神観念などが錯綜し、おだやかで他者を受け入れることのできる国民性を形成してきた結果なのではなかろうか。

（『日本の石仏』56号、一九九〇年十二月）

路傍の聖母——メキシコの庶民信仰

昨秋メキシコシティ滞在中に、銀の町として有名なタスコを訪ねてみた。タスコはシティから南へ一六〇キロ南下した、険しい山襞に開けた美しい町である。

その日は交通量も少なく、快適なドライブだった。ちょうど道のりの半分ぐらいだろうか、何という村か旅行者にはわからないが、前方に大きな岩がぽこんと立っているのを見つけた。山側ではなく、道路を造る時にどうしても動かせない大岩が残された、と思うような状況だった。見上げるばかりの大岩の上部に、何かの像がかかれているのを見て、車を止めた。そばに寄ってよく見ると、聖母像がていねいな筆づかいで、岩の表面にくっきりと浮き出るようにかかれている。岩の凹凸に合せて形をまとめているのが何とも素朴な味わいである。

聖母は立像で、三日月の上にのり、星をいっぱいちらしたガウンをまとい、身体中から後光が発散している。両手は胸で合掌し、子供を抱いていない。聖母マリア像は神の子キリストを抱いているのが普通だけれど、これは少しちがっている。処女マリア、あるいは太陽の化身の女神と思ってしまいそうだ。

画像の下方には四角い灯明棚が作られ、コップのように太いろうそくの短い芯が静かに燃え続けている。そのしたたった蝋が棚の下に長い筋目を幾条も作っていた。色鮮やかな花がどさりと飾られている。どの花も新しかった。見回しても茫々とした野原に人影は見当たらないが、朝に夕にこの聖母に祈りを捧げる近在の人たちがたくさんいるのだろう。このような信仰の形は、日本でいえば、路傍の石仏、野の観音のたぐいであろうか。

メキシコの田舎でこのような素朴な信仰に出会ったことは予想外で、驚きもし、またこの国の庶民の信仰に強い興味をもった。

こんな岩があったら、日本でならきっと磨崖仏でも刻まれていたのでは、地蔵とか観音とか……などと思うのは日本人的発想というものかもしれない。石そのものに霊が宿るという考え方を私たち日本人はごく自然に受けとっているけれど、メキシコ人にそういう観念があるかどうかわからない。ちょうどよい大岩があったことだし、聖母像を描くことで、へんぴな場所が教会のかわりをしているのかもしれないのだ。通りがかりの人でもいたらいろいろ尋ねてみたいところだった。

メキシコの住民（スペイン系白人と土着民インディオとの混血であるメスティーソ）のほとんどがカトリック教徒であることは周知のことで、そのために教会と結びつけてしか庶民の信仰を考えていなかったうかつさに、この時私は思いいたった。

その疑問をもってメキシコシティの中心部を歩き回ってみると、おもしろいことに気がついた。メルカード（市場）、ソカロ（広場）など人がたくさん集まるところの路端にひっそりと聖母像が祀られているのだ。小さなお堂と呼ぶにふさわしいその中に、板や石にかかれた聖母像が安置され、花束が飾られている。夜になると灯りもつくようになっていた。日本の辻で見かける地蔵堂などと同じ印象だ。常に自分たちの守り神であってほしいという願いが、こういう信仰の形を生みだしたのだろう。

ところでこの聖母像はグアダルーペ寺院のご本尊であり、メキシコの守護神になっている。「褐色の聖母」と呼ばれるとおり、褐色の肌と黒い髪をもった美女に描かれている。カトリックで奇跡の起こるところは世界に三か所あるといわれるが、この寺院はその一つに入っている。聖母の奇跡は、今から四〇〇年前にさかのぼるが、この国の人に代々語りつがれ、熱狂的な信者を集めている。全国からひっきりなしに参詣にくる信徒たちの中には「膝行《しっこう》参拝」の婦人もいて、かつて目撃した時は驚きとともに、信仰の強さに心を打たれた。

褐色の聖母をスペイン人はグアダルーペと呼んだが、インディオの間ではトナンツィンの名で親しまれている。この名はアステカ文明の女神の名だそうで、「神々の母」という意味だ。奇跡の聖母が出現したテペヤックの丘はその昔、トナンツィンの神殿があったといわれている。インディオたちは、土着宗教の女神と、カトリックの聖母をオーバーラップさせながら、自分たちの聖母を創造したのではないだろうか。

スペイン神父たちの布教活動も、土着信仰とカトリックの融合を目的に、弾圧せずに、黒い肌の聖母を積極的に取り入れたのは、巧妙な手段だったと思う。

十二月十二日は聖母の大祭で、ラテンアメリカ全土から巡礼がこのグアダルーペを訪れる。

インディオがもっていた宇宙観は、精霊や死霊をも崇拝する多神の世界であったゆえに、天地自然のなか、聖母を路傍に祀るという習俗も不思議なことではないのだろう。私がメキシコを好きなのも、こんなところに惹かれているようだ。

（『日本の石仏』61号、一九九二年三月）

ビバ・メヒコ

メキシコシティの車のラッシュはものすごい。車間距離やマナーなどおかまいなしで、どんどん後から横から割りこんでくる。ほとんどが日本ではもう走っていないポンコツ車のたぐいで、ぶつかることなど意に介していないようだが、運転技術もよほど鍛えられるのだろう。この光景になれないと、車に乗っているのが実におそろしい。

メキシコシティの空港から、息子の住む家は車で三〇分ほどの道のりだった。暮れなずむ街の灯りが、スモッグのせいでかすんでいる。ロマンチックとはほど遠い現実で、ここは有名なスモッグ都市。縦横に走る広い大通りの中央には幹の太い堂々たる椰子が植えこんであり、いかにも南国の風情をかもし出しているのだけれど。

交差点で一時停止した時、前方に不思議な人影をみて一瞬目をこらした。

男が口から火を吹いているのだ。椰子の大樹の黒いシルエットを背にして、炎は赤くふわりと宙に浮いた。左手は無雑作にガラスビンをつかんでいたが、そのガラスビンを口に当てると、あごを少し上げ、一口液体をふくんだように見えた。すると右手に持った小さな火のついた壺をついと上げた。口をすぼめて液体を吹き出すと同時に、メラッと赤い炎が踊り出る。びっくり仰天して、私は息子にたずねた。

「火吹き男だよ。あれで小銭を稼ぐんだ――」

「つまり大道芸人の一人なのね。でもこんな危険なことが許されるの？」

「そう、この国はね。何をしても自分の力で稼ぐことに文句はつけないんだよ。たぶん、毎日少しずつでもガソリンを飲んでいるわけだから、体にいいことないけれど、彼が生きる道はあの芸を見せることしかないんだろうね」

「もし日本だったら、当然社会問題よねえ」

「でもね、これがメキシコの現実だし、この国のエネルギーだと思うよ」

車が動き出す。窓から小銭を投げる人もいるし、無関心な人もいる。

通りすがりに見つめると、目の窪んだ背の高い中年男が、ぶっきら棒な表情で、車の流れを見すごしていた。私はその姿を忘れることができなくて、もう一度どこかで出会わないかと期待した。やはり写真に残しておきたかった。

次の信号で止まると、顔を白く塗った男の子が、お手玉をあやつりながら車の列の間を歩いてきた。

「あれは何してるの？」とまた私。

「あれも芸を売ってるの。ピエロのつもりだろ。テクが悪いとお金もらえないから結構マジにやってるんだ――」

まだ一〇歳にもならない子供がお金を稼いでいることに私はうなった。東南アジアでもよく子供たちに取り囲まれて、花束やみやげ物を買わされた経験はあるけれど、この国のように、芸を売るという姿勢を見たのははじめてだ。

メキシコに大道芸人は無数にいる。年配者の多いマリアッチも、高い棒の上から逆さに回り落ちてくるボラドーレスもそうだ。彼等は全く逞しく活動している。

こういう人たちに触れるたび、何てすごい国なんだろう、という思いを深めた。この何もかもを包みこんでしまう野性的な逞しさをもった国は魅力的だ。

滞在中、火吹き男にもう一度会いたいと思っていたが、なかなか出会えなくて、そのかわりにある晩、火吹き女に出会った。

赤ん坊を背中におぶった色の黒い女性だった。以前見た男のように上手くはなく、赤い炎の拡がりは小さかった。正視するのは耐えがたい思いだが、別れる瞬間、私は全身に力をこめて、彼女に声援をおくった。〝ビバ・メヒコ〟

掌の中に握りしめていた、しめった硬貨を投げることにひどくこだわりながら――。

（『紅通信』7、一九九一年九月）

骸骨のにぎわい――メキシコの死者の日

メキシコシティの古めかしいレストランで、昼食のためのテーブルについた。頭上にうすい色紙で作った切紙細工が、まるで運動会の万国旗のようにひらひらしている。

切り抜かれた図柄はすべて骸骨の人間。それが帽子をかぶったり、箒を持ったり、踊ったり、喋ったりしている。その下で、大きな皿に混沌とした色合いの料理が山のように盛られているのを盛大に食べている人たちが笑いさざめいていた。天井のひらひら紙のなかの骸骨たちは、みな現実の人たちの写し絵のように見える。死者と生者との境界が消え、ともに楽しんでいるようなこの光景は、私たち日本人にはおそらく馴染めないものではなかろうか。

十一月二日――この日は「死者の日」といってメキシコ人の年中行事の一つになっている。十月も末になると食料品店の棚には、砂糖で作られた大中小の〝しゃりこうべ〟がうず高く並べられる。色とりどりの鉢巻きをした頭蓋骨が整然と並んでいる光景にも、たちまち好奇心を抱いたが、それを（ラカラカという）死者の日に恋人とか親しい人に相手の名前を書き入れて贈るのだという。ますます見すごせないこだわりをもたされる。またレストランの入口、商店、玩具店などは骸骨の勢揃いだ。生きている人間の仕草のまま骨だけになるところがおもしろい。昔、小学校のうす暗い理科室でしか見たことのない手足ぶらぶら骸骨が、画や作りもので太陽の降りそそぐ街頭に吊りさげられているのに出会うと、異国へ来た思いを強くする。

「死者の日」は一年に一度、死者の霊魂がこの世に帰ってくると信じられている日だ。家族はその日、血縁の死者を家に迎え、生前と同じように賑やかにともに楽しむ。日本のお盆の行事も、年に一度死者の魂をこの世に迎える日だから両者は似ているといえるだろう。日本のお盆は祖霊信仰と仏教が習合した行事であり、カトリック国メキシコも、もともとはインディオの土着の習俗から拡がったものといわれている。

祖霊を大事に思う心根は同じだと思うけれど、その表現のちがいは死者＝祖霊に対する考え方にありそうだ。骸骨など極端に気味悪がる日本人との祖霊観のちがいはどこにあるのだろう。インディオの人口が一番多いというオアハカ州は、古くからの風習を今なお色濃く遺す町や村が多いときく。骸骨の賑わいを創造したその行事をぜひこの目で見てみたい。

一九九一年十一月二日にオアハカを訪ねた。墓地は大賑わいである。お墓は大小さまざま、墓石のデザインも各種各様、色とりどりの花がどさりと供えられ、楽隊を雇って演奏中のところもある。お墓のまわりで親族らしい人たちが寄り集まり、楽しそうに食べたり飲んだりしている。日本のお彼岸とお盆を一緒にしたような光景はなぜかほほえましい。

それはたぶん、骸骨になった近親者が、あの世から帰ってきて、生前と同じように生者に混じって楽しい一日を送るにちがいない、と素直に信じられるからなのだろう。

夜遅く町を離れたある村の教会前広場で、死者のイベントがあった。観客も結構集まる。不慮の事故で死んだ男性を囲んで、救急隊、医者、看護婦、神父、肉親らが集まり、寸劇のようなことをする。

完全に死者になると、骸骨やたくさんの妖怪《ようかい》、動物が出てきて、あの世とこの世がごちゃごちゃに混じり合い、音楽に合わせて踊り回る。みな仮面をかぶっているので、男か女かわからない。その一団が近くの家から順々に回って歩くと夜が明けてしまうという。骸骨の賑わう日の死者はよみがえってくる。

（「埼玉新聞」、一九九二年十一月）

目線のキューバ

十一月末会議のためメキシコから帰国した次男は、私の顔を見るなり言った。

「キューバはもうダメだよ。観光客も、行けなくなった。物資が極度に窮乏して犯罪もふえているし、受け入れ不可能になったって――」

瞬間私は大きな溜息をついた。同時に貧しさを忘れたような明るい表情で暮らすハバナの庶民の姿が目に浮かんだ。息子と顔を見合わせて〝やっぱりね〟と言いながら悲しくて涙が出そうだった。まるで重症の病人を抱えている家族のような私の思い入れに、われながら苦笑してしまったのだけれど。

私は棚からラム酒〝ハバナクラブ〟を取り出し、モヒートというカクテルを作って二人で飲んだ。モヒートはヘミングウェイが好んだカクテルで、ラムにペパーミントの葉を多目に入れ、砂糖を少々加え、水を適量注いだちょっと変わった風味のカクテルだ。ハバナの中心街にヘミングウェイをはじめ世界の有名人が集まったラ・ボデギートという酒場があって、私たちもその店を訪れた。そこは観光コースに入っているせいか、狭い店内はスペイン語を話す人たちでごったがえしていた。アメリカを憎みながら、アメリカ人ノーベル賞作家の名声を利用しなければならない観光行政も、辛いところなのだろう。

グラスを傾けていると、滞在したハバナの街並みがぐんぐんと蘇ってくる。海岸に沿って拡がる首都ハバナの建物は、スペイン統治時代当時のままのものが多く、重厚で中はひんやりと暗い。異常なほど静まりかえった昼下りの町には、人影もなく、店舗もなく、車も通らず、ガランとした長い道路を煙突のように潮風が通り抜けてゆく。炎天下では確かに気持ちよい風なのだが、しばらくすると塩気で肌がベタベタする。

町の一角に時々人の集まりが見える。何かとのぞいてみたら配給所だった。戦中戦後の配給生活を思い出した。ある懐かしさはあったが、あの頃の惨めさは思い出したくないものだ。キューバはカストロ将軍の革命（一九五七年）以来、社会主義国家だからすべて生活用品は配給制、三十五年間同じ暮らしを続けているという。

私のキューバ行は、崩壊寸前の国家に対するドキドキした好奇心と、もう一つ目的があった。日本人の移民一世である真鍋直さん（八十八歳）をお訪ねすることだった。私が移民に関心をもっていたので紹介してくださる方があり、お会いして話をきくことを楽しみにしていた。私は日本から鉛筆とか石鹸、歯磨きなどをおみやげに持参した。何しろ紙がなくて教科書ができないほど物資がないときいていた。

真鍋さんはお孫さん一家四人と一緒に暮らしておられ、久しぶりに使う日本語を大そう喜ばれた。彼女がキューバに渡ったのは結婚のためで、以来六十余年故国日本には帰っていない。彼女の話は実にしっかりしていて、政治と社会の変遷、移民の生活、そしてどのように生きてきたかを淡々と語られた。自分史であり移民史でもある語りを、私は心に深く受けとめた。ぬるま湯的な日本の社会では、これだけの政治的関心をもって生きている老人はあまりいないのではなかろうか。それだけ厳しい生活を強いられた国家なのだ。

「何もないけれど」と、ご家族と一緒に昼食をごちそうになったが、小さなサバの切身は一か月に一度の配給だときく。ここ一年肉類を口にしていないとも。

食料の不足は日々深刻になるようで、闇取引きをしないと生きていけないという。しかしこの国の人は天性の明るさをもっているのか、乏しい食料を精一杯使って私たちをもてなし、陽気にお喋りする。この家の主人が言った。「この頃、人を信じ合わなくなってきたことが一番悲しいことだ」と。八月十四日。ついにドルが解放され、キューバの旅の記念すべき日に遭遇した。単純に社会主義の崩壊とは思わないが、物哀しい想いでゲバラとカストロの顔写真を眺めている。二人とも素晴らしい顔だ。


（『紅通信』15、一九九四年二月）

バルセロナの洗濯物

一月のスペイン・バルセロナの空は明るく澄んでいる。クレヨン箱の中の空色をくまなく塗りこめたように。時々針の先端がチカッと反射したようにヒコーキが現れ、空色のカンバスにくっきりとシュプールに似た航跡をのこして遠ざかる。ヒコーキ雲の行方は海に向かっている。

国際空港にも近いバルセロナのビジネス街の一角に、次男の住むマンションは位置しており、私は元旦からここに滞在していた。新年早々の孫の出産にそなえて、遠い昔を振り返りながらの海外派出婦である。ヨーロッパでも地中海に面しているバルセロナは日中一五、六度が普通なので、寒い真冬の日本では想像できない快適さである。朝晩少し暖房が欲しいが屋外でも厚いコートはいらないほどだ。息子たちはマンションの六階の住人である。部屋からバルコニーに出ると、左手遠方の小高い丘陵の頂きにゴシック建築の教会がメルヘンチックに建っている。毎朝八時になると近くの教会の鐘が渇いた音を立てて鳴り響く。時報の役目も果たしている鐘の音をきくと、異国に身を置く実感がある。

道一つへだてた目の前も、ここと同じ形のマンションが建っている。単なる箱形ではなく、各階のバルコニーが変則的に張り出している複雑なデザインで、やや明るいレンガ色の色調が落ちついたふんいきである。バルコニーは小さいけれど、どこの家でも植栽に力を入れているらしく、六階でも太い幹の樹木が繁茂しているのには驚いた。芸術の都バルセロナならではと、納得する建物があちこちに見受けられて目が愉しい。

出産予定日がくるまで正月休みの息子たちと私はのんびりと日をすごした。信じがたい空白の時である。まず電話がかからない。郵便がこない。新聞がない。テレビがわからない。来客なし、雑用なし、追いかけられる仕事なし、おまけにカレンダーも見当たらない。このないないづくしの生活は、生きていることを忘れるのではないかと思うほどだった。毎日、食卓の椅子に坐って空と風景と目の前のマンションを眺めて暮らしていた。写真には入りきらない風景なので、私は向かいのマンションを丹念に写し取るいたずら書きを始めた。

ある日、ふっと気がついた。真向かいの家のバルコニーに洗濯物がたくさん干してあることに。このあたりは町中でもあるせいか、見回しても洗濯物がひらめいている光景は目にしない。この家でも、ほこりで汚れるから外には干さないという。それだけに大量の洗濯物は印象的だった。バルコニーの端から端へ長いロープを張り、そこに挟み止めるやり方で、シーツのような広い布やバスタオル類、スポーツウェアや下着なども混じっている。よく見ると同じ形、同じ色の物がいつも二つずつ風になびいているのだ。毎日お行儀よくきちんと並んでいる洗濯物を見て、「あれっ、お向かいさんは双子なの？」と私はたずねた。じっと目を凝らしていた息子も、「ほんとだ。双子の坊やがいるんだね。今まで気がつかなかった――」と言う。洗濯物が多いのもそのせいなのだろう。小学生の男の子の姿も母親の姿も見たことはないが、何かほのぼのとした思いが胸に満ちてきて、私は不意に現実に引き戻された。

異国の旅をすると可能な限り見てくるものがあった。それは市場と墓地と洗濯物である。妙な取り合わせだが、これは人の生活の裏側といってもよく、伝承された生活文化の現れでもある。その中でも洗濯物が干されている情景は、ひとの暖かな息づかいを感じさせ、そこがユーモラスでもあり、またちょっと哀しくもあって心惹かれるものになっている。

裏庭の綱に貧しい洗濯物が退屈そうにぶら下がっていたアジアの国々。貴州省の山深いメオ族の村で見たつつましい女の子の下着。真っ白い砂浜に白い民族衣装が風に吹かれていたユカタン半島の村。狭い路地をまたいで窓から窓へとのばした棒にぎっしりつりさげられた色彩豊かな洗濯物を仰ぎみたリスボンの下町。どれも私には懐かしい風景としてよみがえってくる。そのほとんどがロープを使う干し方で、日本のように竿を使っているのを見たことがない。なぜだろう。幼い頃の思い出に、いつも白い洗濯物がへんぽんとひるがえっていたわが家の庭があり、三股の竿が立てかけてあった。これが私の洗濯物の原風景であるらしい。

まるで弾かれたように私の脳裏に立ち上がってきたのは、プラド美術館で見たゴヤの絵「洗濯女たち」の一枚だ。時代は十八世紀である。休息している洗濯女の背景に、立ち木に渡したロープに干されたたくさんの白い布が描かれている。絵の中に洗濯物を描きこんだ画家は、今のところゴヤ一人しか私は知らないのだが、ゴヤは他にも「恋文」「お仕置」というタイトルで、洗濯物を背景に描いた絵が二枚あり、何故か興味をもったことを思い出した。

ぼんやりと過ごした日々が私を癒してくれたのかもしれない。間もなくこの家の洗濯干場にも、赤ちゃんの純白の肌着がかわいらしく並ぶのだろう。

胸がキューッとなるような新しい感覚がさわやかだ。

（「修羅」44号、一九九九年）

バルセロナ——どろぼう顛末記

書棚の一隅に一枚のスナップ写真が立てかけてある。スペインのバルセロナ、カタルーニャ美術館の前庭で、案内役の息子が撮ってくれたものだ。魅力的なロマネスク美術にどっぷり浸って、満足した表情の私が写っている。左肩にかけたハンドバッグをしっかり押さえている手の下に、浮き上がってプリントされた日付は97・8・18。忘れられない日である。このあと十分ほどで私の全身はいっきに冷たくなった。まるで天国から地獄へつき落とされたという思い。その時の自分の甘さへの悔恨と自戒のために、あえて私はこの写真を見えるところに置いている。海外に旅立つ前にはきまって挨拶してゆくのだ。

事故の顛末はこうである。

美術館の興奮をもったまま私と息子は前庭の芝生に腰をおろし、十一世紀から十二世紀にかけて展開したロマネスクの絵画、とくにキリストの表現について感想を述べ合っていた。前方に二匹のアフガン犬を遊ばせている老人が見える。つと後方からリュックサック一つの青年が近付いてきて立ち止まった。ミロ美術館はどこか、と問う。大きな疲れた地図を広げながら息子の隣に坐る。すぐそこですよと前方を指しながら彼が答えた。男はイタリアからだという。スペイン語で他愛ないことを調子よく話しかけながら、一人おいた私に立ち上がって握手を求める。男の顔は浅黒く、どことい って特徴はないが、細い指の爪が妙に白っぽくしなしなしていた。

面倒になったのか息子が立ち上がって再び前方の道を示した。男はなぜか坐っていた。そのあとそそくさと地図をたたみ、礼を言って立ち上がった。五〇メートルほど行ったところで男はくるりと振り返り、私たちに向かって手を振った。そして両手をぶらぶらさせながら歩き去った。さて、と立ち上がった私は、肩にかけていたバッグがないことに気がつき、美術館に置き忘れてきたのかと血の気が引いた。

息子が「あいつだ」と叫んで男が向かった道へ走った。アフガン犬を連れた老人が近づいてきて私たちの様子を知ると、あの男にちがいない、とダメ押しをした。それなのに私はあの男がどろぼうだとすぐには納得しなかったのだから情けない。この町に住んでいる息子と一緒にいるという安心感もあって、バッグのひもが肩から滑り落ちて無防備だったことを忘れていた。というのも斜めにかけていたバッグを、芝生に坐る時、やれやれといった思いで左肩にかけかえていたのだった。あの男は注意を前方に向けさせておいて、背後から何かの道具でバッグのひもをひき寄せ、素早く自分のリュックサックにつめこんだのだろう。間抜けな日本人は簡単な獲物だったにちがいない。私たちはすぐさま警察に向かった。何時間も費やして盗難の手続きをするのは、事故証明をもらうためで、盗品が返ってくる見込みなどないことはお互いわかっている。

ハンドバッグの盗難。現金はもとよりパスポート、カード類、手帳、めがね、その他もろもろ女のバッグは生活の一部だから、身ぐるみはがされたのと同じである。急を要するのはパスポートで、再発行の手続きをしなければならない。二日後の便で帰国するため不安は募るばかり。口惜しさ、執着、未練、反省、期待、いっぺんに複雑な精神状態を経験した。反省の第一は自宅があるのに何で重要なものを持ち歩いたのか、旅行者のつもりでヒョイとバッグを携帯した愚かさだ。

何よりも手帳がないのは辛い。こまごまとした生活の証が何一つ残っていない。これからの予定も白紙。まるで記憶喪失者になった気分である。歩いていても地に足が確実についている感覚がない。掌の中に入る小さな手帳はメモ書きにすぎないけれど、メモの重さというものもある。この事件で国際電話とファックスが大いに役に立った。思ったより早く無事に仮のパスポートを手にした。

日本領事館の壁に「バルセロナ市には常時千人のどろぼうがたむろしているから注意するように」という注意書きが貼り出してあった。青くなった被害者がかけこむ場所に貼ってあっても後の祭り。しかしどろぼうが常時千人のひとことは被害者の失意をいくらか慰める効果があるのかもしれない。

帰国してから止むなく事故の顛末を関係者に話した。自慢できる話ではないが、人に話しているうちに段々冷静になっていくのがわかる。どろぼうの手口の解明は、手品のような魔の五分間を何度も反芻しているうちに、自分がどろぼうにすりかわったような錯覚すらおぼえた。狙われたのはどの状況だったのか、自分がどろぼうだったらこの時、と思うのは……などと考えていると、真剣な目付きになっているのに苦笑する。はじめての体験で得たものは、治安がまず安心できる日本の社会に馴れ切っていることを念頭において他国では行動すること、である。帰ってから意識的に女性のバッグを見ていると、無防備このうえなしという状態である。

私の告白に反応する人たちのことばは「無事でよかった」とみなやさしかった。うっかり者だからとか、狙われやすい人物だとか言いながらも、こわい思いをしないでよかったね、などと日本人は概して災難にあった時の気持ちの転換が早いようだ。そのなかで「心に刻みこんだものまで盗られはしないでしょう」と慰めてくれた友人のひとことは、私の胸の底にずしりと響いて、どろぼう顛末記のしめくくりになった。

（「修羅」46号、二〇〇三年三月）

台湾慕情

(一)

現在SARSで危険国になっている台湾の首都台北を、長男と一緒に訪れたのは、平成十五(二〇〇三)年二月末のこと。安い航空券が目についた衝動旅行であるが、一度は息子に父親のふるさとを見ておいてもらいたい、と願っていたからである。私がこの世から去れば、彼に父親のことを告げる人はだれもいないだろう。世の中の多くの家族は両親の出生地をとくに問題にしたり、探したり訪ねたりしているわけでもないと思うが、私は近親者の出生地にこだわりをもっている。一人の人間の人格形成に、生まれ育った風土が大きく関わっているように思うからだ。

息子と母親である私は同居のせいもあるが、日常のあけくれの中で父親がよく話題になる。すでに亡くなって十五年の歳月がたとうとしているが、家族にとって父親は生きている時と同じくらいの存在感がある。それは年ごとに父親を一人の男として認識しなおしているからなのだろう。父と子の関係が緊迫した難しい時期もあったが、現世にいない父親と対抗できるはずもなく、日ごとに懐かしい存在になっていくようにみえる。

「こんなところオヤジによく似ているな」「これを見たらこう言うと思うよ」などと引き合いに出され、批判され、同情される存在になっているのが彼の父親である。やっと目の上の何かではなく、同じ目線で話し合える年齢になったのだろう。その息子に父親の生まれ故郷を見せておきたいと私は思う。それが今は外国だからなおさらのことであった。

過去に二度ほど私は台湾を旅している。はじめて台北を訪れたのは夫と一緒で、一九七三年春、もう三十年に近い昔だ。夫も台湾を離れていく年月、ふるさとへの思いは強かったのだろう。その折に書いておいたエッセイを見つけ出したので、そのままここに書き写してみよう。今年の訪問とどこがちがうのか一つの試みになるかもしれない。タイトルは「ふるさとは遠きにありて思うもの」となっている。

（一）

『美しい街台北の思い出話をどんなに度々きかされたことだろう。今は外国になってしまったけれど、夫はそこで生まれ旧制高校を終えるまで家族とともに暮らしていた。長い間に私の頭の中には一つのイメージが作り上げられ、まるでわがふるさとを偲ぶが如く、その風景にうっとりすることがあった。夫のもっているイメージと私のイメージがどこでどのようにくいちがっているのか、全く確かめようもないままに歳月は流れていた。いつの日にか夫のふるさとを訪ねてみたい。自分の目で美しい首都を眺め、彼の青春の地を歩いてみたい、という少女のような憧れをともなって私を旅にかり立てていたのだった。

植民地特有の（といっても私は日本の植民地を訪ねたことがないので、たぶん小説などの影響だろう）整然とした広い街並み、風にそよぐ街路樹、堂々とした府庁舎の建物、花で埋まった公園、静かな住宅街、現地人の異国情緒に満ちた下町、それらの上に拡がる抜けるように青い明るい南国の空、静かで、情熱的で、知的なムードのある台北の街、私の中に作られた素敵な街の絵を、夫は決して否定しなかったように思う。

昨年末東南アジアを旅行しての帰り途、憧れの、夫のふるさとに足を留めた。長い間の念願が叶って私は嬉しくてたまらなかった。

話だけの夫の少年時代や学校生活や日常のさまざまな情景が、街のどこかに息づいているかもしれない。私はそれらを目をこらしてみる期待に心をはずませてやってきたのだ。台北の空港に降りる直前、視界にとびこんだ懐かしい山の姿を見て、夫の目は心なしか潤んだようにみえた。三十数年ぶりに踏むふるさとの土にやはり万感胸に迫るものがあったにちがいない。

空港にはかつての級友が出迎えに見えていた。はじめて会う台湾人の知識階級のクラスメートは想像以上に老けて見えた。精彩がなく、何も張りあいをもたぬ人の目付きに酷似していた。日本の大学まで出ているこの人たちの歩んだ道が、報われない厳しい道であったろうことが、この国の政局を見て段々にうなずけるような気がした。

あとから思い返してみると、台北の印象は空港の暗い表情から始まり、帰りの空港の日本人観光団の喧噪で突然打ち切られ、つながりのない棒切れのような味気なさを私に残した。始まりと終わりの間にあったものは、原色に彩られたゴタゴタした埃っぽい風景と、一〇〇万近いという人口のもつ喧噪と、戦時下にある仰々しいスローガンの氾濫であった。かつて日本が統治していた時代の落ちついたふんいきはどこを歩いても見当たらない。正直に私は失望した。ここは日本ではない、中華民国なのである。昔と同じであるわけがない。三十年余も経ているのだ。勝手な想像をした私が悪いのである。

私を失望落胆させた張本人の夫に「ここがあなたのいう素敵な台北なんですか？」彼はひとこと「全く変わってしまったな」と言った。ふるさとの変貌を目の当たりにした空しさの感慨が、こちらにも切なく伝わってきた。

勝手なイメージを取り除いて見る台北の町は、活気にあふれているといえるであろう。日本の歌手のレコードのメロディが町に流れ、日本の映画が上演され、日本の町で見る衣装が行き交っている。若者も老人も、男も女もせかせかと生きているように見えた。妙に白けた埃っぽい町であった。彼が通ったという小学校、中学校、夢の学園といわれた高等学校、通学した道、友だちのいた町、歴史を追って私は案内してもらった。それが旅の目的でもあったから。学校はさすがに昔と変わらず建っていたが、美しい面影はなく、校名が全部変わっていたのもやはり妙であった。

このたびのハイライトである昔住んでいたという生家を訪ねたのは最後であった。圓山という駅の側にあり、当時は目立ったという三階造りの木造家屋、広々と青いまわりの情景、鉄道ののどかさ、何十辺もきいたその家のある風景は、自分の目を疑ったほどかけはなれていた。小高い丘にある禅宗のお寺の上から眺めると、たしかに三階建ての家は実在していたけれど、その軒の下には小さな小屋がごちゃごちゃ立ち並び、まるで戦後の闇市を思わせる薄汚れた風景なのである。彼も私も無言だった。

夕暮れどきの生活の匂いが漂ってくるなかで、物悲しい気分にとらわれていた。異国にいるようでもあり、見なれた風景の日本にいるようでもあり、過去とも現実ともつかぬ奇妙な錯覚に落ちこんでいた。

「ふるさとは遠きにありて思うもの。お互いに美しい台北の町を大切にしましょう」と心の中で呟いた。』

長々と全文を紹介して恐縮だが、記録というものはありがたいもの。目を通せば、はるか昔の事柄が薄れることもなく、目前に現れ、その時の情景を反復することができる。今回の旅はその絵図を塗りかえることができたようだ。

成田から三時間半で中正国際空港（現台湾桃園国際空港）に着陸。リムジンバスで台北の中心地に降り立ってみれば、三十年の年月は台北の町を見事に変貌させていた。どこを見ても記憶の中の風景はなく、高層ビルが林立する大都会である。整然とした広い道路が縦横に交差し、道路名もわかり易く表示されている。かつて見た政治スローガンなどどこにも見当たらない。町を歩く若者は多く、ファッションは日本と同じように自由であり、色彩も悪い印象ではない。中心地に受験学習塾が軒を並べているのはいささか奇異にうつるが、これも時代の変貌なのだろう。眼鏡をかけた若者が多いのも日本と同じ。

昔ながらの屋台も朝から賑わっているが、ファーストフードが繁盛し、吉野家の看板も目に付く。その他もろもろ日本のどこにでもある都市とよく似ている。

中国といっても本国とは異なったふんいきを感じるのは、台湾という島のもつ明るさと、この島国が辿ってきた苦難の歴史を、プライドに置きかえる逞しさを国民がもっているからなのではないかと思った。三十年前の暗さはすでに感じられなかった。政治が変わり、国家が変わったからだろう。昔もすごい活気を感じたが、今もそのエネルギーは持続し続ける。環境が整備されたせいか、活気に一種の秩序が付加されたようにも思える。

さて町の変貌ぶりに、いちいち驚いているのは私だけ。息子にとってははじめての台北である。そのまま受け止めているのは当然だ。第一の目的である父親の在りし日の姿を追って、学び舎めぐりに彼は精力を傾けた。すでに日本語を話す人は稀少になっているので地図をたよりに歩く外ない。小、中、高と探し歩くだけで一日がかりだった。父親の話の中に出てくる場所、たとえば台湾総督府（現総統府）、台北駅、台北高女、孔子廟、龍山寺、保安宮、水天宮、圓山大飯店（旧台湾神宮跡）なども見ることにして、歩け歩け大会のような行程になった。

さすがに石造りの校舎はそのまま残っていたが、小、中校とも昔をしのぶふんいきはない。しかし旧制高校だった現台湾師範大学の校舎は堂々とした建物で風格がある。ここで多感な時代を送ったのかと、うなずくように彼が柱をなでたり二階の手すりに触れていたりするのを眺めていた。トイレまで見てきたというくらいだから、気に入ったのだろう。あとは生家の探しものだ。

かつて訪れた臨済宗のお寺は立派な構えになっていて、記憶の場所には入れなかった。そこから眺めた三階建ての木造家屋をしきりに見回したが、それらしい建物はない。圓山という駅のそばだったから、電車に乗って行き帰り目を凝らしてみたが、該当するようなものはなかった。なくて当たり前なのだろうが、あってくれればという望みも捨てたわけではなかったから、交通のスタート点を確認できなかった未練がのこった。

日本の植民地に生まれ育ち、内地の帝大を出、戦争の時代を満州で送り、敗戦で引き上げ、混乱の戦後を生きた一日本人である彼の父親。その父親と日本国が歩んだ歴史は、形と影の関係といってもよいだろう。息子を父親のふるさとへ連れてきたかったのも、しっかりした歴史認識をもってほしいという私の願いでもある。

歴史の流れの中で、広く世界を見ること、父親の生き方や生活信条がどこに根ざしていたかを考えるきっかけになるのではないか。

「台北の旅に出たのは正解だった」と彼は言う。何がどうわかったのか今はわからないけれど、私はよかったと思っている。「台湾慕情」などと気障なタイトルだと思うが、蓬《ほう》萊《らい》の島と呼ばれるほど豊かな風土に恵まれた台湾への憧れをこめて、そしてまた、今は亡き人への追慕をこめて付けてみたかったのである。

（二〇〇三年）

（三）

三度目になる台北への旅は平成三十一（二〇一九）年一月のことである。私、妹、長男、次男、次男の妻と息子、総勢六名という家族団体旅行が実現した。もちろん目的は夫の家族の地・台北市探訪で、できれば夫の生家を見つけることだった。一月の寒い日本から亜熱帯の暖かい国を旅するという安心感が旅行気分を後押しした。なかでもアメリカアイオワ州にある大学の二年生である孫は、マイナス五〇度にもなるという極寒の地からやってきたので嬉しさが倍加している。

生前の夫と東南アジアの旅の帰途台北に立寄ったのは昭和四十八（一九七三）年がはじめてであった。その後、長男と共に台北を探訪したのは平成十五（二〇〇三）年のことで、その時は夫の生家は見つけられなかった。その二度の旅の状況や台北の町の印象はエッセイに書いたので（前節）、時代による町の変貌は読み取れる。私にとってははじめての台北からすでに四十五年が経過しているわけで、現在の台北市に再び立ってみる想いには感慨無量のものがある。

次男は現在カリフォルニア在住だが、父親の足跡を辿る想いは強く、家族全員での台湾旅行になった。旅の計画は長男がツアコン、次男が説明役、一月で二十歳になった孫は荷物運搬係、次男の妻が私と妹（一っちがいの姉妹）の保護者という、それぞれの役割を了解のうえ、出発から帰国までの十日間を共に旅を楽しむツアーになった。息子たちの希望で訪ねた場所は、大正時代に夫の父が勤務していたという台湾総督府。夫が通った幼稚園（臨済護国禅寺）、建成小学校、旧台北第一中学校、そして夫が最も多感な時代を送った旧制台北高等学校（現台湾師範大学）。建成小学校は今年創立一〇〇周年という。臨済護国禅寺では、門を入ると、あたりに銀木犀《ぎんもくせい》の香りが漂っていて皆声をあげた。さらに夫の母が店を出していたと聞く、圓山グランドホテル（旧台湾神宮跡地に建つ高級ホテル）への参道。

台北の街は日本の統治時代のふんいきがのこっているところもあり、一行はあちらこちらと露地をのぞいたりしながら、夫でもあり、父でもあり、祖父や兄でもある人について、それぞれの関係のなかで台北の街を歩き、眺め、想像をめぐらした。こういう旅になることを予想しなかったので、改めてこれ以上の幸運はないと思う。一番の目的である夫とその家族の生家は、三度目にしても見つけられなかった。がしかし、最後に次男が持ち出したのは航空写真だった。それも戦前の、米軍が台北空襲を目的にして撮影したものが入手できたという。そこに戸籍謄本の番地通りの家があったのである。四角く長い屋根の大きな家。夫から聞いた木造三階建ての家屋である。現在はビルになっているのも当然のことだろう。全員、地図上の生家に釘付けになった。

記憶から消え去らない限り死者は生き続ける、という旅になった。

（二〇一九年四月）

あとがき

平成二八（二〇一六）年一月六日。今から三年半前、私は死ぬ運命にありました。急性心筋梗塞をおこし、十五分間心肺停止になりましたが、救命救急室の先生方のお蔭で一命をとりとめた幸運に恵まれました。後日になってカルテに記載された「蘇生」という文字を見た時、生き返ったのだという実感がありました。蘇生はよみがえりとも読みます。国造りの神イザナギ・イザナミの神話にある黄泉《よみ》の国からイザナギが逃げ帰ったことから、よみがえるということばができたということです。「蘇生」は私にとって大事なことばになりました。

眠っていたであろう間に、私は夢をみていたようなのです。よく耳にする臨死体験談、小川の向うにお花畠が拡がっていて手招きされたがそこを渡らなかった、それで助かった、というような話ではなく、今も鮮明に思い出せる情景があります。私のまわりをたくさんの人、家族はもちろん、友人、知人、その間に親しい石仏のお顔も混じってぐるぐる回りながら〝がんばって、がんばって〟と手を叩きながら叫んでいるのです。夢か現か不思議な情景を思い起こすたびに、私の知る多くの方の声援でこの世に戻されたのだと有難く思います。人びとの間に石仏の姿が混じっていたのは考えればおかしなことなのですが、長い歳月石仏に親しみ、石仏に関わって生きてきたので、神仏のお加護があったのでしょうか。

眠りから醒めて病室の白い天井を見上げた時、ふっと脳裏に浮かんだものは、スリランカの真っ白い仏塔の前で出会った少年のはにかんだ表情でした。エッセイ集のタイトルは「裸足の訪問」にしようと決めた瞬間です。

スリランカをはじめ、東南アジアの国々をよく旅しました。仏教、ヒンドゥー教を基盤にした石造彫刻、建造物、民族の信仰、庶民生活に魅力を感じたからなのですが、その元はといえば、上州の田舎道で出会った石の神仏のありようが私にとってのカルチャーショックであったからです。東京で生まれ育った身には何とも不思議な創造の世界でした。折々に書き留めたものを忘れ去る前に一つにまとめてみようと思っておりました。私は遠近を問わず旅が大好きな人間で、旅をすることがカルチャーショックの醍醐味でした。何故ちがう、何故同じ、を問い続けることで自分の存在を確かめていたようです。子供の好奇心の域を出ないもどかしさはありますが、それが自分であると思っております。

書き留めた旅の記録は追体験できるもっとも有効な手だてだと思い、老後（すでに）の楽しみと思うのが現実です。旅に出られなくなっても、過去の旅を再び旅することができるのです。半世紀前にはじめてヨーロッパを巡り歩いた旅の印象、中国、インド、東南アジアの国々の記録、家族の住む各地を訪ねた旅、書き残しておけば私の「お楽しみ箱」に貯まります。また、石の信仰に興味をもってくださる方にご覧いただけたらこのうえない喜びです。

エッセイ集の上梓に当たりましては、敬愛する谷川健一先生との想い出を共有する、冨山房インターナショナル社長の坂本喜杏さま、同編集長の新井正光さまのご配慮に心から感謝申しあげます。ありがとうございました。

令和元年六月三日　傘寿の年に

坂口和子

坂口和子（さかぐち かずこ）
1931年、東京生まれ。エッセイスト。日本エッセイストクラブ会員、日本石仏協会会長、『日本の石仏』編集主幹。
著書＝『奥武蔵の石仏』（文化新聞社、1977）、『千手幻影』（言叢社、1984、第15回埼玉文芸賞受賞）、『食卓の廃墟』（ドメス出版、1991）、『随想集 野の仏にみちびかれて—日本石仏協会と歩む』（青娥書房、2018）、写真集＝『飯能市の昭和史—子らに語りつぐふるさとの歴史』（千秋社、1994）、その他、石仏・郷土史関係の共著多数。
現住所　〒357-0067 埼玉県飯能市小瀬戸29

裸足《はだし》の訪問—石仏の源流を求めて
二〇一九年八月五日　第一刷発行
坂口和子　著
発行者　坂本喜杏
発行所　㈱冨山房インターナショナル
東京都千代田区神田神保町一—三　〒一〇一—〇〇五一
電話〇三（三二九一）二五七八
URL:www.fuzambo-intl.com
印刷　㈱冨山房インターナショナル
製本　加藤製本株式会社

ISBN 978-4-86600-068-8 C0039